INTRODUCCIÓN

A

PHP

Y

MySQL

Escrito por: Miguel A. Angel

ISBN: 978-1492326427

Índice

Procedencia de las variables

Las variables con que se trabaja pueden tener procedencias muy diferentes:

- Datos definidos en el mismo documento **php**, directamente o mediante alguna operación.
- Datos suministrados por el usuario mediante un formulario situado en otro documento.
- Datos suministrados por el servidor (fecha, hora, etc.).
- Datos depositados en una *cookie* o en una variable de sesión.

Expresiones

Una expresión es un conjunto formato, como mínimo, por una variable y un operador, y tiene la función de hacer variar o de evaluar el valor de una variable:

- $n++
- $a + 12
- $d > 15
- etc.

También pueden formar parte de una expresión:

- Un valor, de texto o numérico expresado literalmente (en el primer caso hace falta encerrado entre comillas).
- Determinadas funciones que suministran valores (por ejemplo, las de fecha y hora).

Por ejemplo

- "Nombre: " . $nombre

Introducción a PHP

Qué es el PHP

PHP es un acrónimo recursivo para "PHP: Hypertext Preprocessor", originalmente Personal Home Page, es un lenguaje interpretado libre, usado originalmente solamente para el desarrollo de aplicaciones presentes y que actuaran en el lado del servidor, capaces de generar contenido dinámico en la World Wide Web. Figura entre los primeros lenguajes posibles para la inserción en documentos HTML, dispensando en muchos casos el uso de archivos externos para eventuales procesamientos de datos. El código es interpretado en el lado del servidor por el módulo PHP, que también genera la página web para ser visualizada en el lado del cliente. El lenguaje evolucionó, pasó a ofrecer funcionalidades en la línea de comandos, y además, ganó características adicionales, que posibilitaron usos adicionales del PHP. Es posible instalar el PHP en la mayoría de los sistemas operativos, totalmente de manera gratuíta. Siendo competidor directo de la tecnología ASP perteneciente a Microsoft, PHP es utilizado en aplicaciones como MediaWiki, Facebook, Drupal, Joomla, WordPress, Magento y Oscommerce.

PHP es software libre, licenciado bajo la PHP License, una licencia incompatible con la GNU General Public License (GPL) debido a las restricciones en los términos de uso de PHP.

El lenguaje surgió a mediados de 1994, como un paquete de programas CGI creados por Rasmus Lerdorf, con el nombre Personal Home Page Tools, para sustituir un conjunto de scripts Perl que este usaba en el desarrollo de su página personal. En 1997 fue lanzado el nuevo paquete del lenguaje con el nombre de PHP/FI, trayendo la herramienta Forms Interpreter, un interpretador de comandos SQL. Más tarde, Zeev Suraski desarrolló el analizador de PHP 3 que contaba con el primer recurso orientado a objetos, que daba poder de alcanzar algunos paquetes, tenía herencia y daba a los desarrolladores solamente la posibilidad de implementar propiedades y métodos. Poco después, Zeev y Andi Gutmans, escribieron el PHP 4, abandonando por completo el PHP 3, creando un mayor número de recursos orientados a objetos. El problema serio que presentó el PHP 4 fue la creación de copias de objetos, ya que el lenguaje aún no trabajaba con apuntadores o handlers, como son los lenguajes Java o Ruby. El problema fue resuelto en la versión actual de PHP, la versión 5, que ya trabaja con handlers. Si copia un objeto, en realidad copiaremos un apuntador, ya que, si haya algún cambio en la versión original del objeto, todas las otras también sufren la modificación, lo que no sucedía en la versión de PHP 4.

Se trata de un lenguaje extremadamente modularizado, lo que lo hace ideal para la instalación y el uso en servidores web. Diversos módulos son creados con el repositorio de extensiones PECL (PHP Extension Community Library) y algunos de estos módulos son introducidos como patrón en nuevas versiones del lenguaje. Es muy parecido, en tipos de datos, sintaxis y demás funciones, con el lenguaje C y con C++. Puede estar, dependiendo de la configuración del servidor, incrustado en código HTML. Existen varias versiones del PHP disponibles para los siguientes sistemas operativos: Windows, Linux, FreeBSD, Mac, Novell Netware, RISC Los, AIX, IRIX y Solaris.

Construir una página dinámica basada en bases de datos es simple con PHP, este da soporte a un gran número de bases de datos: Oracle, Sybase, PostgreSQL, InterBase, MySQL, SQLite, MSSQL, Firebird, etc., pudiendo abstraer el banco con la biblioteca ADOdb, entre otras. La Wikipedia funciona sobre un software escrito completamente en PHP y usando bases de datos MySQL, por ejemplo.

PHP da soporte a los protocolos: IMAP, SNMP, NNTP, POP3, HTTP, LDAP, XML-RPC, SOAP. Es posible abrir sockets e interactuar con otros protocolos. Las bibliotecas de terceros amplían aún más estas funcionalidades. Existen iniciativas para utilizar PHP como lenguaje de programación de sistemas, como por ejemplo, PHP-GTK. Se trata de un conjunto de PHP con la biblioteca GTK, que aporta de C++, haciendo así software interoperacional entre Windows y Linux. En la práctica, esa extensión ha sido muy poco utilizada en proyectos reales.

PHP es un software gratuito y de código abierto publicado bajo la PHP License, que afirma:

Productos derivados de este software no deben ser llamados PHP, ni puede contener "PHP" en su nombre, sin previo permiso por escrito de la group@php.net. Usted puede indicar que el software funciona en conjunto con PHP, diciendo "Foo para PHP", en vez de llamarlo "PHP Foo" o "phpfoo".

Esta restricción en el uso del nombre PHP lo hace incompatible con la GNU General Public License (GPL).7

El lenguaje PHP es un lenguaje de programación de dominio específico, es decir, su alcance se extiende a un campo de actuación que es el desarrollo web, aunque existan variantes como el PHP-GTK. Su propósito principal es de implementar soluciones web veloces, simples y eficientes. Sus principales características:

- Velocidady robustez.
- Estructurado y orientado a objetos.
- Portabilidad - independencia de plataforma - escriba una vez, ejecute en cualquier lugar.
- Tipeado dinámica.
- Sintaxis similar a C/C++ y Perl.
- Open-source.

El Server-side, el cliente manda el pedido y el servidor responde en una pagina HTML. El código **HTML** (tanto en la versión **HTML** cómo **XHTML**) da lugar a documentos uniformes, que el navegador interpreta siempre de una única manera.

Hay dos maneras de hacer variable el contenido de un documento **HTML**; esto se consigue mediante

- el lenguaje de programación **Javascript**, que actúa al ordenador cliente.
- lenguajes de programación que actúan en el servidor. El **PHP** es Uno

Un documento **PHP** es interpretado dos veces. En el servidor la codificación **PHP** se transforma en código **HTML**, en texto (y en **CSS** y en referencias a elementos insertos, si hace falta). El documento así interpretado es enviado al cliente, y este lo interpreta como si fuera un documento **HTML** ordinario.

Los documentos **PHP** tienen la terminación '**.php**'.

Constituyentes de un documento *PHP*

Un documento **PHP** consta de dos tipos de constituyentes:

- Código **HTML** o XHTML encomenderos, con texto intercalado y con las especificaciones de estilo que haga falta (con las parejas propiedad / atributo del **HTML** o de las hojas de estilo **CSS**.
- Instrucciones de PHP , que hacen varios tipos de cometidos:
  - o Recepción de datos exteriores (por ejemplo de un formulario).
  - o Manipulación de datos (cálculos, modificaciones de cadenas de texto, etc.)
  - o Adopción de decisiones en función de algún dato.
  - o Presentación de los valores de los datos resultantes, implicados dentro del código **HTML**.
  - o Acciones sobre el sistema de ficheros del servidor, incluyendo la creación, modificación, lectura y eliminación de estos.

Delimitación de las instrucciones *PHP*

Las instrucciones de PHP van enmarcadas así:

- <?php // inicio de código php
- *instrucciones;* // Todas acabadas en ';'
- ?> // final de código php

A menudo las instrucciones van acompañadas de comentarios; estos se colocan detrás dos barras inclinadas.

Dos ejemplos elementales

Todos los ejemplos de estas notas se presentan del mismo modo: el código relevante dentro de recuadros azules, y los comentarios en rojo. Salvo que se diga lo contrario, hay que interpretar que el contenido es insertado a BODY. Si hay más de un documento en juego, se separan con una línea horizontal.

Haciendo clic a Ved *el resultado* pasamos a procesar los documentos correspondientes. Es muy importante analizar el contenido del código fuente del documento final (*Visualiza > Código fuente* o análogo), compararlo con la codificación PHP inicial, presentada en el cuadro azul, y comprobar como esta ha desaparecido totalmente.

- <p>Este texto se ha presentado con los recursos habituales del< strong>(X)HTML</strong>.</p>
- < p>
- < ?php
- echo "Este texto ha sido procesado previamente por el <strong>PHP</strong>; // Contenido interpretable por (X)HTML"
- ?>
- </p>

- *Documento inicial, sin código PHP, dotado de un formulario.*

- `<h3>`
-
- `<?php`
- `$nombre = $_POST['nombre'];` // Recoge el valor
- `$texto = "Hola, ";` // Establece un texto fijo
- `echo $nombre. $texto;` // Contenido interpretable por (X)HTML
- `?>`
-
- `</h3>`

A fin de que los ejemplos tengan ya desde el principio un mínimo de verosimilitud, desde el primer momento usaremos dos recursos empleados en este par de ejemplos iniciales:

Con

- echo *variable o valor*

Extraemos de PHP un valor y lo incluimos en el código **(X)HTML**. Y con

- `$_TABLE['nombre']`

Recogemos un valor enviado desde un formulario situado en un documento diferente.

Variables, Expresiones y Operadores

Variables

Cómo en todos los lenguajes de programación, en **PHP** hay **variables**, que son símbolos portadores de un valor. Se denominan variables porque este valor no es predeterminado, sino que hay que asignarlo expresamente y en el transcurso del proceso de interpretación del documento puede variar.

Las variables se denominan libremente; el nombre de estas tiene que empezar forzosamente por **$** seguido de una letra o de un guión bajo. Hay varios tipos de variables:

Enteras	Un número entero
Dobles	Un número decimal (separador decimal, el punto)
De cadena	Texto
Booleanas	"true" y "false"
Nulas	NULL

Los valores iniciales se representan directamente si son números (separador decimal, el punto) y entre comillas si son textos.

El solo hecho de asignar un valor a una variable determina el carácter, y no hay que hacer ninguna más distinción: una variable que sólo contiene números es interpretada automáticamente como numérica.

Operador de asignación

Hay varios tipos de operadores: de asignación, aritméticos, de manipulación de textos, de comparación, lógicos...

En el caso más simple se usa el operador de asignación =:

- *variable = expresión*;

Que se interpreta así: *Haz que la variable situada a la izquierda pase a tener el valor dado por la expresión de la derecha.*

- $b = $a + 12;

Cómo es habitual en la mayoría de lenguajes de programación, los operadores de asignación también pueden servir para cambiar el valor de la misma. Con una sintaxis que ofende el más elemental sentido matemático, pero universalmente consolidada,

- $a = 3 * $a;

Significa *haz que la variable* **$a pierda** *su valor actual y adquiera un valor tres veces más grande.*

Operador de concatenación

La manipulación de textos más simple es la concatenación. Se indica con '.' (No con **&**):

- "Juan tiene " . $edad . " años";

- *Documento inicial, sin código PHP, dotado de un formulario.*

- `<p>`
-
- `< ?php`
- `$nombre = $_POST['nombre'];` // Recoge el valor del nombre
- `$cgn = $_POST['cgn'];` // Recoge el valor del apellido
- `$lln = $_POST['lln'];` // Recoge el valor del lugar de nacimiento
- `$año = $_POST['año'];` // Recoge el valor del año de nacimiento
- `echo $nombre . " " . $cgn . ", nacido/da a " . $lln . " el año " . $año;` // Concatena los valores recibidos y valores fijos y hace el conjunto interpretable por (X)HTML
- `?>`
-
- `</p>`

Operadores aritméticos

Los operadores aritméticos son los siguientes:

+	Suma	$b = $a + 6;
-	Resto	$b = 23 - $a;

*	Multiplicación	$b = 3 * $a;
/	División	$b = $a / 5;
%	Módulo o resto de la división entera	$b = $a % 4;
++	Incrementar una unidad	$a++;
--	Disminuir una unidad	$a--;

- *Documento inicial, sin código PHP, dotado de un formulario.*

- <?php
-
- $n_1 = $_TABLE['n1']; // Recoge el valor del primer número
- $n_2 = $_TABLE['n2']; // Recoge el valor del segundo número
- $s = $n_1 + $n_2; // Hace la suma
- $p = $n_1 * $n_2; // Hace el producto
- echo "<p>La suma de " . $n_1 . " y " . $n_2 . " es " . $s . ".</p><p>El producto de " . $n_1 . " por " . $n_2 . " es " . $p . ".</p>"; // Concatena valores recibidos, valores calculados, texto y símbolos HTML y hace el contenido interpretable por (X)HTML
-
- ?>

Otros operadores de asignación

Además del operador de igualdad, =, hay una serie de operadores que son a la vez de asignación y de operación aritmética: +=, -=, *=, /=, %=. Análogamente, el operador .= encadena un nuevo texto al texto preexistente en una variable.

El valor NULL

Las variables nulas tienen un solo valor posible, que es **NULL**. Una variable es nula si no le hemos asignado ningún valor o le hemos asignado expresamente el valor **NULL**.

Lectura de las variables para HTML

Introducción

Los intérpretes de los documentos **HTML** sólo pueden entender las etiquetas de **HTML**, las especificaciones **CSS**, los textos y las referencias a los elementos insertos. Pero no pueden interpretar variables, que previamente tienen que ser *traducidas*. En **Javascript**, por ejemplo, este cometido es llevada a cabo por **write()**; en **PHP** esta tarea es llevada a cabo principalmente por la instrucción **echo**.

Sintaxis de *echo*

La sintaxis básica de **echo** es la siguiente:

- echo *$variable*;

Dónde **$variable** es una variable previamente definida.

También puede formar parte de **echo** un valor fijo, cerrado entre comillas:

- echo "Buenos días !";

En el primer ejemplo ya hemos usado esta sintaxis.

echo y concatenación

El signo de concatenación puede encontrarse en el interior de un **echo**, es decir, que a la vez se hace la concatenación y la interpretación:

- echo $a . $b . $c;

- echo "Buenos días,!" . $nombre;

Más todavía: si un **echo** sólo contiene literales y variables, podemos encerrar el conjunto entre comillas y prescindir del signo de concatenación:

- echo "Importe total: $p €;"

- *Documento inicial, sin código PHP, dotado de un formulario.*

- <?php
- $p=$_POST['precio']; // Lectura de una variable de formulario
- $y=$_TABLE['iva']; // Lectura de otra variable de formulario
- $pino=$p*(1+$y/100); // Cálculos
- echo "El precio limpio es de $p €, y con el $y% de IVA, son $pino €."; // Concatena textos y valores y hace el conjunto interpretable por (X)HTML
- ?>

Código *HTML* dentro de echo.

Entre los literales que acepta **echo** también hay las etiquetas de **HTML** o las especificaciones de CSS , y también una combinación de todos juntos.

- echo "<p>Nombre: "; // Una etiqueta y un texto
- echo $nombre; // Una variable llamada **$nombre**
- echo "</p>"; // Una etiqueta

En el segundo ejemplo ya hemos usado esta sintaxis.

Si el contenido de un literal tiene comillas dobles, las que lo delimitan tienen que ser simples, y a la inversa:

- echo '<?xml version="1.0" encoding="iso-8859-15"?>'

Nota: *Cuando hay varias instrucciones con* **echo** *la una detrás la otra, el código* **(X)HTML** *que en resulta se presenta sin saltos de línea.*

Ejecuciones condicionadas

Introducción

Si **el PHP** se limitara a captar datos y a presentarlas de una única manera - que es el que hemos hecho hasta ahora - sería muy poco interesante. El interés de la herramienta rae en el hecho que los datos captados pueden condicionar el desarrollo posterior del programa y dar lugar a resultados totalmente divergentes: *si tal dato tiene tal valor, haz esto; en caso contrario, haz aquello otro.*

Además, aquello que se hace se puede repetir un número diferente a veces dependiente también de alguna característica de los datos: *de acuerdo con este dato, haz tal acción tantas veces, o hasta que se cumpla tal condición.*

El operador *if()*

El operador **if** evalúa una expresión de comparación; en el supuesto de que el resultado sea afirmativo se ejecuta una parte de programa; en caso contrario, otra:

- if (*condición*){
- *instrucciones_a ;.*
- }else{
- *instrucciones_b*;
- }

Si sólo hay una instrucción para cada posibilidad, podemos prescindir de los signos { }.

En el caso más simple, la condición evaluada es una igualdad, representada por dos variables o una variable y un valor literal, separados por el signo ==.

- *Documento inicial, sin código PHP, dotado de un formulario.*

- `<p>`
- `< ?php`
- `$a=$_TABLE['ncgn'];`
- `$b=$_POST['se ];`
- `if ($b=='H'){ // Comprobación del valor introducido`
- `$saluda="Bienvenido, "; // Asignación de valor si la variable es H`
- `}else{`
- `$saluda="Bienvenida, "; // Asignación de valor si la variable es D`
- `}`
- `echo $saluda . $a . "!"; // Presentación concatenada del resultado`
- `?>`
- `</p>`

Podemos observar que, con objeto de evitar complicaciones, no se ha previsto la posibilidad de un error. ¿Qué pasará si no introducimos **H** *ni* **D**? *En una situación real habría un mecanismo que indicaría el error y nos devolvería al formulario. O en el formulario la opción* **H/D** *se daría mediante un desplegable que no permitiera seleccionar nada más.*

Al apartado siguiente se indican los otros operadores de comparación.

Operadores de comparación

Los operadores de comparación son:

==	Igual que
===	Igual y del mismo tipo que
!=	No igual que
!==	No igual (o igual pero de diferente tipo) que
>	Más grande que
<	Más pequeño que
>=	Más grande o igual que
<=	Más pequeño o igual que

- *Documento inicial, sin código PHP, dotado de un formulario.*

- <?php
- $a=$_TABLE['edad'];
- if ($a ="18")>{ // Comparación del valor introducido con 18
- echo "Eres mayor de edad."; // Resultado afirmativo
- }else{
- echo "Todavía no eres mayor de edad."; // Resultado negativo
- }
- ?>

Opciones múltiples: *elseif*

A diferencia otros lenguajes de programación, no es necesario incluir un **if** dentro de otro; el operador **elseif** permite las opciones múltiples con una estructura muy sencilla:

- if (*condición_1*){
- *instrucciones_1*;
- }elseif(*condición_2*){
- *instrucciones_2*;
- }else{
- *instrucciones_3*;
- }

Notamos que el último es **else**, no **elseif**.

Operadores lógicos

A menudo la ejecución de un programa es sujeta no a una condición sino a dos o más. En este caso las condiciones se conjunten mediante operadores lógicos, que son los siguientes:

&&	Y también
||	Ni tampoco

- *Documento inicial, sin código PHP, dotado de un formulario.*

- <?php
- $a=$_TABLE['num'];
- if (($a ="21")> && ($a ="39"))<{ // Discriminación de aciertos y errores
- echo "<h1 style='texto-align: center; fuente-size: 40px; color: olive'>Felicitados, has acertado!</h1>"; // Mensaje en caso de acierto (con especificaciones de estilo)

- }else{
- echo "<h1 style='texto-align: center; fuente-size: 40px; color: red'>Lástima, no has acertado!</h1>"; // Mensaje en caso de error (con especificaciones de estilo)
- }
- ?>

Vectores

Vectores

A menudo se usan datos que se pueden agrupar por afinidad temática, por ejemplo los doce meses del año, los elementos alcalinos o los países de la Unión Europea. En estos casos en vez de depositar cada valor en una variable diferente, se depositan en una sola variable conjunta, denominada **vector**, compuesta de varios **términos**, portadores cada uno de una **clave** y de un **valor**.

Hay dos tipos de clave: las numéricas y las significativas. Una clave numérica es simplemente un índice sin ningún significado especial. Un vector con la clave numérica es un **vector simple**. Una clave significativa es un elemento, numérico o no, proveído de un significado específico. Los vectores de este segundo grupo se denominan **vectores asociativos**.

Suponemos el conjunto formado por las 41 comarcas de Galicia. Podemos establecer un vector que simplemente contenga los nombres - vector de index numérico - o uno que asocie el nombre de la comarca con el nombre de la capital correspondiente - vector asociativo.

Los vectores son también denominados matrices y arrays (término inglés).

Vectores simples

En el caso de los vectores simples o de clave numérica, las claves son índices numéricos, es decir, números enteros correlativos; el primero es siempre el **0**.

Los vectores se pueden crear así:

- $nombre_de el_vector = array("*valor_1*", "*valor_2*", "*valor_3*",...);

También se pueden dar valores a un término de un vector sin declarar previamente el vector, indicando el número de index:

- $nombre[*n*] = *valor_n*

El solo hecho de emplear este formato crea automáticamente el vector.

En este caso todos los valores no especificados serán nulos (pero existirán, incluido el 0, que, cómo hemos dicho, siempre es el primero.

Recuperación de los valores de los términos de un vector

Los términos de un vector pueden ser recuperados con el uso explícito del índice:

- $nombre = $vector[*índice*];

Por ejemplo, si creamos un vector con los nombres de los países de la Unión Europea,

- $pais_ue[3]

nos devolverá el nombre del país que tenga el índice **3**.

El valor obtenido puede ser pasado a otra variable:

- $f = $pais_ue[3]

También puede entrar a formar parte de una expresión:

- $a = $b[5] + 2

Perl que hace al índice numérico, puede ser indicado indirectamente, mediante el uso de una variable de procedencia diversa:

- $nombre_de el_vector[$n];

en que **$n** procede, por ejemplo, de un cálculo.

- *Documento inicial, sin código PHP, dotado de un formulario.*

- <?php
- $nombre_de_mes = array("de enero", "de febrero", "de marzo", "de abril", "de mayo", "de junio", "de julio", "de agosto", "de septiembre", "de octubre", "de noviembre", "de diciembre"); // Declaración del vector
- $d=$_POST['día'];
- $m=$_POST['mes'];
- $a=$_TABLE['año'];
- $num_mas=$m-1; // El primer término del vector es 0 !

- $nm=$nombre_de_mes[$num_mes]; // Obtención del valor del término correspondiente
- echo $d . " " . $nm . " de " . $a . ".";
- ?>

Vectores asociativos

Cómo hemos dicho, en un vector asociativo tanto la clave como el valor tienen significado propio:

- $comarcas["Vigo"] = "Redondela"

Los términos del vector pueden ser indicados con los mismos dos procedimientos que en el caso de los vectores simples. La asignación sin declaración previa se hace como se indica en la expresión inmediatamente anterior.

Si se prefiere declarar el vector con **array()**, el índice y el valor se tienen que separar con el símbolo =>. En el ejemplo siguiente asociamos los símbolos de los metales alcalinos con los nombres correspondientes:

- $met_alc = array ("Le" => "Litio", "Na" => "Sodio", "K" => "Potasio", "Rb" => "Rubidio", "Cs" => "Cesio", "Fr" => "Francio")

- *Documento inicial, sin código PHP, dotado de un formulario.*

- <?php
- $ma = array(
- "Li" => "3",

- "Na" => "11",
- "K" => "19",
- "Rb" => "37",
- "Cs" => "55",
- "Fr" => "87"
-); // Fin de la declaración del vector
- $a = $_TABLE['met']; // Recoge el dato del formulario
- $b = $ma[$a]; // Busca el elemento correspondiente en el vector asociativo
- if ($b == NULL){ // Analiza la corrección del dato suministrado
- echo "<p style='texto-align: center; color: red'>Error: El símbolo no corresponde a un metal alcalino.</p>"; // Código (X)HTML generado en caso de error
- }else{
- echo "<p style='texto-align: center; color: olive'>El número atómico del " . $a . " es " . $ma[$a] . ".</p>"; // Código X(HTML) generado en caso de dato correcto
- }
- ?>

$_TABLE, que cómo hemos visto reiteradamente recoge datos procedentes de un formulario, es un caso particular de vector asociativo.

Datos procedentes de otros documentos

Introducción

Los datos que usa un documento **PHP** pueden proceder de otro. La transmisión entre el documento de origen y el de destino puede ser inmediata o diferida. La transmisión inmediata se puede hacer mediante dos procedimientos, denominados **GET** y TABLE. El método **puesto** exige el uso de un formulario; el método **get** puede usar un formulario o un hipervínculo que traiga los parámetros anexados explícitamente al URI. El hipervínculo puede quedar especificado con sólo **HTML** o con la ayuda del **Javascript**.

La transmisión diferida se puede hacer con *cookies* o con **variables de sesión**, que analizaremos más adelante

Remisión de datos desde un formulario con *POST*

Este procedimiento exige la especificación

- <form action="*documento de destino*" method="table">

Los datos enviados son recogidas en el documento de destino por

- $_TABLE["nombre_de el_campo"]

donde **nombre_de el_campo** es el nombre del campo del formulario, asignado con **name** en aquel.

Este es el único procedimiento de transmisión de datos que hemos usado en los ejemplos anteriores.

Remisión de datos desde un formulario con *GET*

Este procedimiento es muy parecido al anterior, con la diferencia que en el documento de origen se usa

- <form action="*documento de destino*" method="get">

y los datos enviados son identificadas intermediando

- $_GET["nombre_de el_campo"]

Una fórmula equivalente a la del formulario consiste a explicitar los parámetros en un hipervínculo contenido en el documento inicial:

- <a href="*dirección?variable=valor*">Texto</a>

- *Documento inicial, sin código PHP, dotado de un conjunto de enlaces a seleccionar.*

- <?php
- $c=$_GET['color']; // Recoge el dato GET
- if ($c == "rojo") { // Empieza la discriminación de posibilidades
- echo "<p style='color: red; fuente-size: 24px'>Has elegido el color " . $c . ".</p>";
- }elseif ($c == "verde") {
- echo "<p style='color: rgb(0,128,0); fuente-size: 24px'>Has elegido el color " . $c . ".</p>";

- }elseif ($c == "azul") {
- echo "<p style='color: blue; fuente-size: 24px'>Has elegido el color " . $c . ".</p>";
- }else{
- echo "<p style='color: black; fuente-size: 24px'>Has elegido el color " . $c . ".</p>";
- } // Acaba la discriminación de posibilidades
- ?>

Otra forma de remisión de datos consiste a emplear el **location.href** del **Javascript**, con sendas instrucciones del estilo de la siguiente:

- location.href="*dirige?clave=valor*"

$_REQUEST

Tanto **$_POST** como **$_GET** pueden ser sustituidos por **$_REQUEST**.

Hay que notar que **$_TABLE, $_GET** y $_REQUEST son casos particulares de vectores asociativos, a que ya nos hemos referido.

Tipo de campos de un formulario

El nombre de la clave y los valores que se pueden asociar dependen del tipo de campo:

Tipo de campo	Clave	Valores posibles
texto		
password	valor asignado libremente con **name**.	valor introducido a la casilla.
hidden		
textarea		
radio		
select > option	valor asignado libremente con **name**.	valor asociado a value .
checkbox		

Campos de contraseña

Los datos introducidos mediante **input type="password"** no se muestran en la pantalla en el momento de ser introducidas, pero después son enviadas con su verdadero valor, y procesadas en destino igual que las enviadas con **input type="texto"**.

- *Documento inicial, sin código PHP, dotado de un formulario.*

- ...
- <?php
- $a=$_TABLE['pw']; // Recepción de la contraseña
- if ($a == "pájaro") { // Comprobación
- echo "<meta http-equiv='refresh' contenido='0;url=06e.php' />"; // Caso afirmativo
- }else{
- echo "<meta http-equiv='refresh' contenido='0;url=06f.php' />"; // Caso negativo
- }
- ?>
- ...

- <p> </p>
- < p style="color: green; fuente-size: 20px; texto-align: center">Este es el documento deseado.</p>

- < p> </p>
- < p style="color: red; fuente-size: 20px; texto-align: center">*** ERROR ***</br>La contraseña no es correcta.</p>

(la contraseña es **pájaro**)

- En el segundo documento el **PHP** condiciona el contenido de HEAD, no el de BODY cómo en los casos vistos hasta ahora.
- En una situación real el cuarto documento, además de dar el mensaje de error, probablemente volvería a remitir al primero.

Botones de selección y desplegables

En estos casos el valor transmitido es el valor del atributo **value** correspondiente.

- *Documento inicial, sin código PHP, dotado de un formulario.*

- `<p> </p>`
-
- `< ?php`
- `echo "<p>Nombre: " . $_TABLE[' ] . "<br />"; //` Presentación del nombre
-
- `echo "Sexo: ";`
- `if ($_TABLE['sx'] == "h") { echo "Hombre"; } //` Presentación del sexo
- `else {echo "Mujer"; }`
-
- `echo "<br />";`
-
- `echo "Edad: ";`
- `if ($_TABLE['e'] == "e1") { echo "Hasta 14 años";` `} // Presentación de la edad`
- `elseif ($_TABLE['e'] == "e2") { echo "Entre 15 y 17` años"; }
- `elseif ($_TABLE['e'] == "e3") { echo "Entre 18 y 35` años"; }
- `else { echo "36 años o más"; }`
-
- `echo "</p>";`
- `?>`

El caso de las casillas de confirmación

Si una casilla de confirmación no es activada, no se forma el término **$_POST[*nombre*]**, de forma que si lo invocáramos en el documento de destino recibiríamos un mensaje de error. Por este motivo en estos casos se usa un procedimiento algo más indirecto, mediante las funciones isset() o foreach() .

Si un **checkbox** no tiene el atributo **value** y es activado, recibe automáticamente el valor **dónde**.

Funciones aplicables a los vectores

La función *foreach()*

Podemos hacer la lectura exhaustiva de todos los términos de un vector sin necesidad de mencionar explícitamente cada uno de los términos. Esto se hace con la función **foreach()**:

- foreach($*nombre_de el_vector* as $*valor*){
- *instrucciones con* **$valor**
- }

En el caso de los vectores asociativos, tenemos

- foreach($*nombre_de el_vector* as $*clave* => $*valor*){
- *instrucciones con* **$clave** *y $valor.*
- }

Las variables *$clave* y $valor son denominadas libremente, y recogen el contenido de la clave y del valor de cada uno de los términos del vector.

- *Documento inicial, sin código PHP, dotado de un formulario.*

- <?php
- echo "<p style='texto-decoration: underline'>Tus aficiones</p>";
- echo "<p>";
- foreach($_POST as $clave => $valor){ // Lectura exhaustiva de los datos

- if ($clave == "n") { $texto_clave = "Nombre"; } // Inicio de la transformación de las claves en textos completos
- if ($clave == "mu") { $texto_clave = "Música"; }
- if ($clave == "ci") { $texto_clave = "Cine"; }
- if ($clave == "se") { $texto_clave = "Deporte"; } // Final ídem
- echo $texto_clave . ": " . $valor . "<br />"; // Forma interpretable por (X)HTML
- }
- echo "</p>";
- ?>

Las funciones *count()* e *isset()*

La función **count()** - y su equivalente **sizeof()** - nos devuelven el número de termas de un vector:

- $n = count(*nombre_de el_vector*);

La función **isset()** comprueba si una variable existe o no, y devuelve los valores **true** o false :

- if (isset(*variable*)){ ... }

donde la variable tanto puede ser individual como el miembro de un vector.

- *Documento inicial, sin código PHP, dotado de dos formularios; el usuario puede elegir entre uno y otro.*

- <p> </p>

-
- `< ?php`
- `$n = count($_TABLE); // Cuenta los términos de $_TABLE`
- `if ($n == "3"){ // Si procede del segundo formulario, hay 3`
- `echo "<p><strong>Hemos recibido tus datos con el correo electrónico.</strong></p>";`
- `}else{ // Si procede del primer formulario, hay 4`
- `echo "<p><strong>Hemos recibido tus datos con la dirección postal.</strong></p>";`
- `}`
- `?>`

Hay que notar que estas funciones dan cuenta del número de termas de un vector, pero no nos dicen nada sobre si estos tienen valor o son **NULL**. Podemos asegurarnos así:

- `if ($a == NULL) {`
- `...`
- `}else{`
- `...`
- `}`

La función *list()*

Dado un vector **$vector**, podemos transferir los términos uno a uno a variables independientes mediante una serie de instrucciones de asignación

- `$a = $vector[0];`
- `$b = $vector[1];`
- `$c = $vector[2];`
- `...`

Pero la misma tarea se puede hacer mucho más simplemente con la función **list()**:

- list($a,$b,$c...) = $vector;

Esta operación sólo es posible con vectores de índice numérico, no con vectores asociativos.

- `<p> </p>`
-
- `< ?php`
- `$datos = array("cerezas", "dulces", "rojas"); // Datos en un vector`
- `list($fruta,$gusto,$color) = $datos; // Pasan a variables independientes`
- `echo "<p><strong>Las $fruta son $gusto y $color.</strong></p>";`
- `?>`

Las funciones *sorte()*

La ordenación de un vector se lleva a cabo con la función **sort()**. Esta función asigna nuevas claves a los elementos; las anteriores desaparecen.

Esta función tiene varias variantes; entre estas:

- **rsort()**: ordena en sentido inverso.
- **natsort()**: tiene en cuenta el valor numérico de las secuencias de números (ej.: **img7** va ante **img11**.
- **natcasesort()**: como el anterior, y además no distingue entre mayúsculas y minúsculas.

- *Documento inicial, sin código PHP, dotado de un formulario.*

- `<p> </p>`
- `< ?php`
- `$nombres = array($_TABLE['n1'], $_TABLE['n2'], $_TABLE['n3'], $_TABLE['n4'], $_TABLE['n5']); //` Recoge los valores
- `suerte($nombres); //` Los ordena
- `echo "<p>Tus mejores amigos son:</p>";`
- `echo "<p style='margin-left: 100px'>";`
- `foreach ($nombres as $nombre){ //` hace la lectura exhaustiva
- `echo "<br />" . $nombre; //` Los presenta
- `}`
- `echo "</p>";`
- `?>`

Include

Las funciones *include()*

Un documento **PHP** puede incluir en su interior otro documento que contenga texto, código **HTML** o código **PHP**, o cualquier combinación de estos. El documento incluido es, en general, otro documento **PHP**, pero también puede ser un documento **.txt**.

Esto se consigue con la función **include()** (y similares):

- include("*nombre*")

Si el documento incluido contiene código **PHP**, este tiene que ser contenido entre **<?php** y **? >**, independientemente del hecho que el **include()** en el documento principal también vaya entre **<?php** y **? >**.

La inclusión es muy útil cuando hay elementos que se han aplicar a varios lugares idénticamente o con pequeñas variantes. Hay dos supuestos básicos (y cualquier combinación imaginable):

- Dos o más documentos comparten algún elemento en común, contenido en otro.
- Un documento tiene una parte variable, contenida en dos o más otros documentos.

Dos o más documentos comparten un elemento común

Dos documentos o más, que quizás son muy diferentes, pueden tener algún elemento en común. Este elemento en común se puede poner en un documento destinado a ser incluido en los anteriores; esto es especialmente interesante si el contenido es variable a lo largo del tiempo, puesto que habrá bastante de cambiarlo en un solo lugar.

archivo head.php

- `<!DOCTYPE html>`
- `<html lang="can">`
-
- `<head>`
- `<meta http-equiv="Contento-Type" contento="texto/html; charset=ISO-8859-15" />`
- `<meta name="description" contento="PHP + MySQL: Curso elemental" />`
- `<meta name="keywords" contento="Internet, web, HTML, PHP, MySQL" />`
- `<meta name="author" contento="AVL Dissey Web" />`
- `<title>Curso de PHP y MySQL</title>`
- `<link href="estilo.css" rel="stylesheet" type="texto/css" />`

- `</head>`

---

archivo 08b.php

- `<?php`
- `include ("head.php"); // En lugar de la`
caracterización y el HEAD, este 'include'
- `?>`
-
- `<body>`
- `<div class="mg">`
- `<h1>Primer documento</h1>`
- `<p>Este es el contenido del primer documento.</p>`
- `< /div>`
- `</body>`
- `</html>`

Un documento con una parte variable

En una situación contraria del anterior, un único documento se puede presentar con contenidos diversos, suministrados por sendos documentos incluidos. La elige del contenido se hace desde otro documento mediante un formulario, una serie de hipervínculos con parámetros o alguna función del propio documento.

- *Documento inicial, sin código PHP, dotado de enlaces para seleccionar.*

---

archivo 08d.php (los archivos 08e.php y 08f.php son análogos)

- <p><img src="08d.jpg" alto="esmeralda" style="float: left" />Una esmeralda es una piedra preciosa y un mineral, de tipo parecido al beril, de color verde brillante, puesto que contiene una pequeña cantidad de cromo. Su fórmula química es:(Be₃<Al sub>2</sub>(SiO₃)₆). Está muy valorada porque es el único mineral de color verde que cristaliza.</p>
- < p>La esmeralda es la piedra del mes de mayo y los signos del zodíaco asociados. Nerón usaba una esmeralda como lente correctora para seguir los combates de gladiadores, puesto que sufría miopía. Se aplicaban esmeraldas para paliar dolores de huesos y como amuleto protector contra las serpientes, del mismo color de piel.</p>
- < p>Se han usado para predecir el futuro y para curar enfermedades como la lepra. La esmeralda se asocia a la memoria y a la primavera.</p>

---

archivo 08g.php

- <?php
- if ($_GET['p']=="dm"){ include("08f.php"); } // un include en función del valor enviado
- if ($_GET['p']=="ro"){ include("08e.php"); } // ID.
- if ($_GET['p']=="ma"){ include("08d.php"); } // id.
- ?>

Variantes de *include()*

Si la función **include()** invoca un documento inexistente, se muestra un mensaje de error, pero después continúa el procesamiento del resto del documento **PHP** que la contiene. Para evitar esto hay la función **require()** que, si no encuentra el documento invocado, además de mostrar el mensaje de error, para el procesamiento del documento que la contiene.

Las funciones *include_once()* y require_once() son variantes de las anteriores, destinadas a asegurar, como prevención de errores, que una misma inclusión sólo se haga una sola vez en un mismo documento.

Bucles y Repeticiones

La estructura *for()*

La estructura **for()** comporta la repetición de una instrucción o de un conjunto de instrucciones de acuerdo con unos parámetros fijos que hacen de contador. Su sintaxis es

- for(inicio;final;incremento){
- *instrucciones_que_hay que_repetir*
- }

En las instrucciones repetidas mediante un **for()** es habitual usar el propio contador para alguna finalidad otra que la de contar, pero esto no es paso obligatorio.

- *Documento inicial, sin código PHP, dotado de un formulario.*

- <?php
- $num=$_POST['num']; // Recogemos el valor del límite

- echo "<h3 style='texto-align: center'>Cuadrados de los primeros números enteros</h3>";
- echo "<p>";
- for($y=0;$y =$num;$y++)<{ // Límites e incremento de 'for'
- $quadr=$y*$y; // Elevamos al cuadrado
- echo "$y sup<>2</sup> = $quadr
"; // Presentamos los resultados
- }
- echo "</p>";
- ?>

La estructura *while()*

A diferencia de for() , la estructura **while()** evalúa constantemente una expresión en que hay de haber al menos una variable que se modifica con la propia ejecución:

- while(*condición*){
- *instrucciones*;
- *instrucciones que hacen variar al menos uno de los parámetros*;
- }

- *Documento inicial, sin código PHP, dotado de un formulario.*

- <?php
- $num=$_POST[']; // Recogemos el dato inicial
- $puede=$num; // La primera potencia de un número es el mismo número
- $e=1; // El primer exponente es 1

- echo "<h3 style='texto-align: center'>Las primeras potencias del número $num</h3>";
- echo "<br />";
- echo "<table style='width=60%; margin-left: 20%; border: solid thin #008000; border-collapse: collapse'>";
- while ($puede<100000000){ // Inicio del bucle
- echo "<tr>";
- echo "<td style='border: solid thin #0000ff; padding: 3px; texto-align: right'>$e</td>"; // Escribimos el valor actual del exponente
- echo "<td style='border: solid thin #0000ff; padding: 3px; texto-align: right'>$puede</td>"; // Escribimos el valor actual de la potencia
- echo "</tr>";
- $e++; // Incrementamos en 1 el exponente
- $puede = $puede * $num; // Calculamos la nueva potencia
- }
- echo "</table>";
- ?>

Lo estructura *don ... while*

En la estructura **while()** la condición se evalúa antes de la ejecución de las operaciones condicionadas, de forma que pueden no llegarse a ejecutar nunca si ya de entrada no se cumple la condición. *(Qué pasaría en el ejemplo anterior si indiquessim el número 102380567?).* lo estructura **don ... while()** la evaluación se hace después, y por lo tanto , las operaciones condicionadas se ejecutan al menos una vez.

La estructura es la siguiente:

- do{

- *instrucciones*;
- } while (*condición*);

- *Documento inicial, sin código PHP, dotado de un* *formulario*.

- <?php
- $num=$_POST['num']; // Importamos el número
- $d=1; // Valor inicial del divisor
- if (($num<1) || ($num>10000)){ // Comprobamos que cumple el requisito
- echo "Este número no cumple el requisito";
- }else{
- echo "<h3 style='texto-align: center'>Cocientes sucesivos de $num por los cuadrados de los números enteros</h3>";
- echo "<table style='width=60%; margin-left: 20%; border: solid thin #008000; border-collapse: collapse'>";
- don{ // Empieza la ejecución reiterada
- $dd=$d*$d;
- $q=$num/$dd;
- echo "<tr>"; // Empezamos la presentación de los resultados
- echo "<td style='border: solid thin #008000'>$num";
- echo "/";
- echo "$dd</td>";
- echo "<td style='border: solid thin #008000'>$q</td>";
- echo "</tr>";
- $d++; // Incrementamos el valor de $d.
- } while ($q>1); Mientras el cociente sea superior a 1 se repetirá el proceso
- echo "</table>";// Acabada la presentación, cerramos la tabla
- }
- ?>

Funciones matemáticas y Funciones de fecha y hora

Funciones

El **PHP** dispone de una serie de funciones predeterminadas (de las cuales ya hemos visto algunas), que realizan cometidos muy diversos:

- Abrir documentos externos, copiar el contenido y modificarlos.
- Leer la fecha y la hora a partir del servidor.
- Medir el número de termas de un vector.
- Hacer cálculos matemáticos.
- Modificar cadenas de texto
- etc.

Hay, además, las llamadas funciones de usuario, que son conjuntos de instrucciones agrupadas y que se pueden ejecutar en lugares diferentes.

En este capítulo analizamos algunas funciones de tipo matemático y de tiempo.

Constantes matemáticas

Algunas constantes matemáticas pueden ser representadas mediante símbolos especiales:

	M_E	Valor de **e** (2,718...)
	M_PINO	Valor de π (3,1416...)
	pino()	(de las dos formas, indistintamente)

Funciones matemáticas

Las principales funciones son las siguientes:

	pow(x,y)	x elevado a la potencia y
	exp(n)	e elevado a la potencia n
Potencias y logaritmos	log(n)	logaritmo natural de n
	log10(n)	logaritmo decimal de n
Medida de ángulos	rad2deg(n)	Valor en grados del ángulo de n radianes
	deg2rad(n)	Valor en radianes del ángulo de n grados
	sin(n)	seno de n
	corp(n)	coseno de n
	tan(n)	tangente de n
Trigonometría (ángulos en radianes)	asin(n)	arco el seno del cual es n
	acos(n)	arco el coseno del cual es n
	atan(n)	arco la tangente del cual es n
	abs(n)	Valor absoluto de n
Manipulación de valores	round(n)	Redondeo de n por proximidad
	ceil(n)	Redondeo de n por exceso
	floor(n)	Redondeo de n por defecto

- *Documento inicial, sin código PHP, dotado de un formulario.*

- `<?php`
- `$can = $_POST['cat_a'];`
- `$cb = $_POST['cat_b'];`
- `$sq = $can * $can + $cb * $cb;` // Cálculo de la suma de cuadrados de los catetos
- `$h = sqrt($sq);` // Cálculo de la hipotenusa
- `$t = $cb / $can;` // Cálculo de la tangente del ángulo
- `$a = atan($t);` // De la tangente al ángulo en radianes
- `$ag = rad2deg($a);` // Del ángulo en radianes al ángulo en grados
- `echo "<p>El cateto <strong>a /strong<> medeix $can, y el <strong>b</strong>, $cb.<br />La hipotenusa medeix $h.<br />El ángulo <strong>B</strong> medeix $a radianes, es decir, $ag grados.</p>";`
- `?>`

Validación de datos numéricos

En muchas ocasiones hay que asegurar el carácter numérico de un dato suministrado. Esto se consigue con la función **is_numeric()**:

- is_numeric(*variable*)

Esta función devuelve los valores **true** o false .

Funciones que devuelven fechas

El tiempo transcurrido entre las 00:00:00 GMT del 1 de enero de 1970 y otro momento cualquier se denomina **marca de tiempo Unix**.

La función **time()** suministra el valor *marca de tiempo Unix* del momento en que se aplica.

La función **mktime()** suministra la marca *de tiempo Unix* de cualquier momento, los datos del cual hay que dar suministrando los parámetros siguientes: *hora, minuto, segundo, mes, día, año*.

La función **date()** transforma datos de marca *de tiempo Unix* en varios formatos de indicación de fecha y hora. Se usan dos parámetros, el primero de formato y el segundo es el dato *marca de tiempo Unix*. Si se omite el último, se entiende el momento actual. Los principales parámetros de formato son los siguientes:

D	día de la semana con tres letras (inglés)	w	día de la semana en números (0 = domingo; 1 = lunes...)
d	día del mes	j	día del mes con una sola cifra si es posible
m	mes	n	mes con una sola cifra si es posible
Y	año		
H	hora (0-23)		
y	minuto		
s	segundo		
F	año bisiesto(1) año no bisiesto(0)		

Entre los argumentos se pueden añadir los caracteres '-', '/', ':' y '.', que serán reproducidos directamente. Todo el conjunto va entre comillas.

Los valores de los días de la semana empiezan por **0** y se pueden usar como índice de un vector que contenga los nombres de los días; los otros valores numéricos, no.

La función **date()** tiene el inconveniente que devuelve el valor del tiempo local del servidor; más interesante es la función **gmdate()**, que usa el Temps Universal **UTC**.

```php
<?php
echo "<p>";
$días_semana = array ("Domingo", "Lunes", "Martes", "Miércoles", "Jueves", "Viernes", "Sábado"); // Vector con los nombres de los días de la semana
$día_semana = gmdate(w); // Día de la semana
echo "$días_semana[$día_semana], ";
echo gmdate(j) . " "; // Día del mes
$mes = gmdate(m); // Mes
if ($mes == "01") {echo " de enero "; }
if ($mes == "02") {echo " de febrero "; }
if ($mes == "03") {echo " de marzo "; }
if ($mes == "04") {echo " de abril "; }
if ($mes == "05") {echo " de mayo "; }
if ($mes == "06") {echo " de junio "; }
if ($mes == "07") {echo " de julio "; }
if ($mes == "08") {echo " de agosto "; }
if ($mes == "09") {echo " de septiembre "; }
if ($mes == "10") {echo " de octubre "; }
if ($mes == "11") {echo " de noviembre "; }
if ($mes == "12") {echo " de diciembre "; }
echo "de " . gmdate(Y) . " / "; // Año
echo gmdate(H) . ":"; // Hora
echo gmdate(y) . " (UTC)."; // Minuto
echo "</p>";
?>
```

Recepción de datos de fecha

Cuando un conjunto de datos numéricos se convierten en una determinación temporal, hay que comprobar la coherencia, para evitar enunciados imposibles (*31 de junio, 29 de febrero de 2007...*). La función **checkdate(*mes,día,año*)** - *notáis la orden mas, día, año* - lo hace posible:

- if (checkdate($_TABLE['mes'],$_TABLE['día'],$_TABLE['año'])){
- *... instrucciones para el caso favorable ...*
- }else{
- *... mensaje de error y regreso ...*
- }

Números aleatorios

Se pueden generar números enteros aleatorios mediante la función **rand(a,b)**, en que **a y b** son el número inferior y el número superior del intervalo dentro del cual tiene que quedar comprendidos el números generados.

- <?php
-
- $n = rand(1,5); // Genera un número aleatorio
- echo " <img src='10d" . $n . ".jpg' alto='imagen aleatoria' /> "; // El número aleatorio determina la imagen que se presenta
-
- ?>

Funciones de cadena

Mayúsculas y minúsculas

Las funciones

- *$nueva_cadena* = strtoupper(*$cadena_inicial*);

y

- *$nueva_cadena* = strtolower(*$cadena_inicial*);

Convierten una cadena de texto en otra que sólo tiene mayúsculas o minúsculas, respectivamente.

La función *strlen()*

Esta función mide la longitud de una cadena:

- $l=strlen(*$cadena*);

La función *substr()*

La función substring obtiene una cadena que es el fragmento de otra. Se usan tres argumentos: la variable que contiene la cadena, el número correspondiente al último carácter **excluido** (si no se excluye hacia el principio, **0**) y un número indicativo de la longitud deseada para la nueva cadena. Así, a

- $nueva=substr($antigua,3,5);

Obtendremos una cadena **$nueva** formada por los caracteres cuarto a octavo de la cadena **$antigua**.

- *Documento inicial, sin código PHP, dotado de un formulario.*

```php
<?php
$a = substr($_TABLE[' ],0,1); // Primera letra del nombre
$a = strtoupper($a); // A mayúsculas (por el que pueda ser)
$cgn = $_POST['c'] . "xxx"; // Previsión de apellidos muy cortos, ej. 'Pino'
$b = substr($cgn,0,3); // Tres primeras letras del apellido
$b = strtoupper($b); // A mayúsculas
$min = gmdate(y); // ¿Qué minuto es ahora?
$c = substr($min,1,1); // Segunda cifra de los minutos
$d = strlen($_TABLE[' ]); // ¿Qué longitud tiene el nombre?
if ( $d > 9 ) { $d = 0; } // Si el nombre tiene más de 9 caracteres, asignamos '0'
$e = gmdate(s); // ¿Qué segundo es ahora?
echo "<p>Tu código de usuario será <strong style='color: blue'>$a$b$c$d$e</strong>.</p>";
?>
```

En una situación real habría muchas más tareas a hacer: pedir una contraseña, introducir nombre, apellidos, usuario y contraseña en una base de datos, evitar que haya usuarios repetidos, etc. Aquí sólo nos ocupamos de la determinación parcialmente aleatoria del usuario.

Fragmentar una cadena

La función **explode()** fragmenta una cadena de acuerdo con un carácter (o conjunto de caracteres) que hace de delimitador. Se crea un vector con el conjunto de los fragmentos.

- $fragmentos = explode('*delimitador*', *$cadena*, *número de fragmentos*)

Si no se introduce ningún valor para el número de fragmentos, crea todos los que puede.

A menudo se usa en combinación con **list()** o con **foreach()**:

- list($a,$b,$c,$d,$e,$f,$g,$h) = explode(' ¬ ',$datos);

Nota. *Una función análoga es* **split()**, *pero ha sido rechazada desde la versión* **5.3.0**.

Ajuste de cadenas de texto

Determinadas operaciones comportan la inclusión de elementos no deseados en una cadena de texto. Por ejemplo, la remisión de una cadena de texto de un documento a otro comporta que los apóstrofos se convierten en la cadena \'. Determinadas operaciones de fragmentación dejan un espacio en blanco delante o detrás el fragmento obtenido.

La función **stripcslashes()** suprime la barra invertida:

- *$texto_nuevo* = stripcslashes(*$texto_antiguo*);

Y la función **trim()** elimina los espacios en blanco iniciales o finales:

- $texto_nuevo$ = trim($texto_antiguo$);

- *Documento inicial, sin código PHP, dotado de un formulario.*

```php
<?php
echo "<p>";
$datos = $_POST['nombres'];
$fragmentos = explode (',', $datos); // Divide la cadena por las comas
foreach($fragmentos as $lugar){ // Lectura exhaustiva del vector
$lugar = stripcslashes($lugar); // Supresión del símbolo '\'
$lugar = trim($lugar); // Supresión de espacios en blanco indebidos
echo "$lugar<br />";
}
echo "</p>";
?>
```

Sustituciones de fragmentos de cadena

Con la función **str_replace()** podemos sustituir un fragmento de cadena por una otro:

- *$texto_nuevo* = str_replace("*fragmento_antiguo*", "*fragmento_nuevo*", *$cadena_antigua*);

- *Documento inicial, sin código PHP, dotado de un formulario.*

- `<?php`
- `echo "<p>";`
- `$texto = $_POST['texto'];`
- `$texto = stripcslashes($texto);`
- `$texto = trim($texto);`
- `$texto = str_replace("l.l","l·l", $texto); // Corrección` de la grafía l.l
- `$texto = str_replace("l-l","l·l", $texto); // Corrección` de la grafía l-l
- `echo $texto;`
- `echo "</p>";`
- `?>`

La función *nl2br()*

- Si queremos insertar un salto de línea en una variable, tenemos que usar el símbolo **\n** para indicarlo.
- Si lo queremos insertar en un texto introducido mediante un formulario, tenemos que usar la tecla de regreso.

Con estos dos procedimientos forzamos un salto de línea en el código **(X)HTML**. Pero, como sabemos, esto **no** equivale a un salto de línea en la interpretación final, que exige un **
**.

La función **nl2br()** transforma los saltos de línea **previos** a la interpretación en símbolos **
, que es adecuadamente interpretado por **el (X)HTML:

- *texto_con_
_insertos* = nl2br(*texto_inicial*)

- *Documento inicial, sin código PHP, dotado de un formulario.*

```php
<?php
echo "<p>";
$texto = $_POST['texto'];
$texto = stripcslashes($texto);
$texto = trim($texto);
$texto = nl2br($texto); // Inserción de saltos de línea interpretables
echo $texto;
echo "</p>";
?>
```

Datos del servidor, de sesión y las cookies.

Datos del servidor

Cuando un ordenador cliente se pone en contacto con un ordenador servidor para solicitar un documento, se genera en el servidor un vector asociativo, **$_SERVER**, que contiene una serie de datos sobre el servidor, el cliente y la conexión. El número exacto de termas de este vector depende del modelo del servidor, pero los más útiles son comunes a todos. Los principales termas son los siguientes:

$_SERVER['SERVER_ADDR']	Dirección IP del servidor.
$_SERVER['REMOTE_ADDR']	Dirección IP del ordenador cliente.
$_SERVER['DOCUMENTO_ROOT']	Directorio donde hay el documento solicitado.
$_SERVER['REQUEST_URI']	Valor **URI** suministrado para acceder al documento.
$_SERVER['REQUEST_TIME']	Momento de la solicituno

- `<table class="q">`
- `<tr>`
- `<td class="q">Dirige IP del servidor</td>`
- `<td class="q"><?php echo $_SERVER['SERVER_ADDR']; ?>` // Presentación de un dato
- `</tr>`
- `<tr>`

- <td class="q">Dirige IP del cliente</td>
- <td class="q"><?php echo
$_SERVER['REMOTE_ADDR']; ?> // Id.
  - </tr>
  - <tr>
  - <td class="q">Directorio donde hay el documento solicitado</td>
- <td class="q"><?php echo
$_SERVER['DOCUMENTO_ROOT']; ?> // Id.
  - </tr>
  - <tr>
  - <td class="q">URI solicitada</td>
  - <td class="q"><?php echo
$_SERVER['REQUEST_URI']; ?> // Id.
  - </tr>
  - <tr>
  - <td class="q">Tiempo de la solicitud</td>
  - <td class="q"><?php echo
$_SERVER['REQUEST_TIME']; ?> // Id.
  - </tr>
  - </table>

Variables de sesión

Una variable de sesión es una variable dotada de un nombre y de un valor que existe exclusivamente entre el momento en que se crea y el momento en que finaliza la sesión. Las variables de sesión se depositan en un vector asociativo **$_SESSION**.

Para introducir y recuperar variables de sesión hay que hacer uso de la función **session_start()**.

- session_start();

Esta función tiene que ser inicial absoluta en el documento **PHP**.

La asignación de una variable de sesión se hace así:

- $_SESSION['*nombre*'] = *valor*

Las variables de sesión se recuperan intermediando

- $_SESSION['*nombre*']

- *Documento inicial, sin código PHP, dotado de un formulario.*

- <?php
- session_start(); // Activamos *$_SESSION*
- $_SESSION['nombre'] = $_TABLE[']; //
Conversión del variable recibimiento en variable de sesión
- ?>
-
- (...)
-
- <?php
- echo "<p> </p>";
- echo "<p>Hola, " . $_SESSION['nombre'] . "</p>";
// Uso de la variable de sesión
- ?>
-
- <p><a href="12d.php">Otro documento</a /p.><>

- < ?php
- session_start(); // Activamos *$_SESSION*
- ?>

-
- (...)
-
- `<?php`
- echo "`<p> </p>`";
- echo "`<p>`Personalizado para " .
$_SESSION['nombre'] . "`</p>`"; // Otro uso de la variable
de sesión
- `?>`
-
- `<p>`Este es otro documento.`</p>`

Cookies

Creamos una *cookie* con la función **setcookie()**:

- setcookie("*nombre*","*valor*","*caducidad*","/");

La aplicación de la función **setcookie()** se tiene que llevar a
cabo **obligatoriamente** antes de cualquier otra instrucción, incluso
\<html>.

Las *cookies* creadas constituyen un vector asociativo, dentro del
cual son identificadas por el nombre,

- $_COOKIE['*nombre*']

que permite la recuperación.

El parámetro **"/"** indica que la cookie será disponible en todo el
dominio; si se especifica **"/foo"**, sólo será disponible en el propio
directorio.

El valor de la caducidad suele indicarse como suma del momento actual, **time()**, y del plazo de validez, expresado en segundos. Así, para fijar la caducidad en un año, será

- time()+60*60*24*365

Si no se fija caducidad, o si se fija el valor **0**, la cookie caduca al final de la sesión.

Para suprimir una *cookie* hace falta sobrescribirla con una fecha de caducidad anterior al momento presente; generalmente se hace con la expresión

- time()-1000

o análoga.

- <p style="texto-align: right">
- <a href="12f.php?ll=cat">Català</a //> Elige y remisión GET
-
- <a href="12f.php?ll=esp">Español</a //> Idem
-
- <a href="12f.php?ll=eng">Inglés</a //> Idem
- </p>
- < p> </p>
- < p>
- < img style="float: right; margin: 20px; border: none" src="12e.jpg" alto="Azufre nativo" />
-
- <?php
-
- if (isset ($_COOKIE['idioma'])){ // Hay una cookie de nombre 'idioma'?
- if ($_COOKIE['idioma'] == "e") { include "12y.php"; } // Si tiene el valor 'e', texto en español
- if ($_COOKIE['idioma'] == "a") { include "12g.php"; } // Si tiene el valor 'a', texto en inglés
-

- }else{
- include "12h.php"; // Si no existe (situación por defecto), texto en Francés
- }
-
- ?>
-
- </p>

Este documento permite hacer la elige y después lo aplica. Podría haber, además, tantos documentos como quisiéramos que simplemente aplicaran la elige hecho inicialmente.

- <?php
-
- if ($_GET['ll'] == "esp") {
- setcookie("idioma","e",time()+60*60*24*30,"/"); // Da a la cookie el valor 'e'
- }
- if ($_GET['ll'] == "eng") {
- setcookie("idioma","a",time()+60*60*24*30,"/"); // Da a la cookie el valor 'a'
- }
- if ($_GET['ll'] == "cat") {
- setcookie("idioma","",time()-100000,"/"); // Suprime la cookie
- }
-
- ?>
-
- <!DOCTYPE html>
- <html>
- <head>
- ...
- <meta http-equiv="refresh" contento="0;url=12e.php" />
- ...

- </head>
- (...)

Notamos que este documento fija el valor de la cookie (o lo elimina) y devuelve inmediatamente al anterior mediante un **refresh**.

Haced una elige de idioma. Salís del documento, cerráis el ordenador, encendedlo de nuevo y volvéis a entrar al documento. Observáis como se respeta la elige hecho: durante un año salvo que se haga una elige nueva.

En lugar **de $_COOKIE** también se puede usar **$_REQUEST** que, como sabemos, también puede sustituir **$_GET** y $_TABLE .

Funciones de usuario y ámbitos de las variables

Funciones de usuario

Un conjunto de instrucciones puede dar lugar a una función:

- function *nombre*(){
- *instrucciones*
- }

Esto permite grandes economías de programa si el conjunto de instrucciones se tiene que usar reiteradamente.

- <?php
-
- function calendario(){ // Creamos una función
- echo "<p style='texto-align: right; color: blue'>Data: ";
- echo gmdate(j) . "." . gmdate(m) . "." . gmdate(Y); // Leemos tres parámetros de la fecha
- echo "</p>";
- }
-
- ?>
-
- <?php
-
- calendario(); // Aplicamos la función
-
- ?>

Funciones de usuario externas

Las funciones de usuario pueden establecerse en un documento **php** o txt externo; en este caso son incorporadas al documento donde se tienen que aplicar mediante un **include** o similar. Esto hace posible que una misma función pueda ser ejecutada desde varios documentos **php**, con un gran ahorro de código y con la ventaja añadida que si hay que introducir cambios en la función, basta de hacerlos una sola vez.

- <?php
-
- function calendario(){ // Creamos una función
- echo "<p style='texto-align: right; color: blue'>Data: ";
- echo gmdate(j) . "." . gmdate(m) . "." . gmdate(Y); // Leemos tres parámetros de la fecha
- echo "</p>";
- }
-
- ?>

- <?php
-
- include "13b.php"; // Incorporamos la función externa
- calendario(); // Aplicamos la función
-
- ?>

Nota: Funcionalmente, este ejemplo es idéntico al anterior; desde el punto de vista del código, se diferencia por el hecho que la función es externa, y así podría ser incorporada a un número ilimitado de documentos.

Tipo de variables

Cuando se trabaja con funciones de usuario, hay que tener presente el ámbito de validez de las variables. Por su ámbito de validez, hay tres tipos de variables:

- Las **locales**, definidas dentro de una función. En principio, sólo pueden ser usadas dentro del ámbito local de la función.
- Las **globales**, definidas fuera de ninguna función. En principio, sólo pueden ser usadas en el ámbito global, es decir, fuera de las funciones.
- Las **superglobales** (**$_TABLE, $_GET, $_COOKIE, $_REQUEST** y alguna más), que pueden ser usadas por todas partes.

Las variables globales pueden *penetrar* en una función mediante tres procedimientos que veremos a continuación.

Argumentos

Las funciones pueden contener uno o más argumentos:

- function *nombre(arg_1, arg_2...)*{
- *instrucciones en qué* **arg_1**, **arg_2** *funcionan como variables*
- }

También podría ser un argumento un valor literal.

- <?php

```php
function día_semana($valor){ // Creamos una función con un argumento
$días = array ("domingo", "lunes", "martes", "miércoles", "jueves", "viernes", "sábado"); // Vector con los nombres de los días de la semana
echo "<p style='color: red'>Hoy es " . $días[$valor] . ".</p>"; // Presentación del resultado
}
?>
```

```php
<?php

$d = dato(w); // Lee el día de la semana en cifras
include "13d.php"; // Invoca un documento que contiene una función
día_semana($d); // Ejecuta la función incluyendo el dato como argumento

?>
```

Uso de global.

Una variable **global** puede ser introducida en una función especificando el carácter:

- global $*nombre_1*, $*nombre_2*...;
- *instrucciones que usan $nombre_de_la_variable*

El vector asociativo *$GLOBALES*

El vector asociativo **$GLOBALES** contiene la referencia a todas las variables globales:

- *instrucciones que usan $GLOBALES['nombre_de_la_variable']*

*Notamos que **$GLOBALES** no lleva guión bajo y que el nombre de la variable no lleva el **$** inicial.*

Extracción de valores de una función de usuario

Cuando en una función de usuario se genera una suela variable, podemos hacer que la función equivalga a esta variable. Esto se consigue con la instrucción

- return *nombre_de_la_variable*

De este modo podemos escribir, por ejemplo,

- echo *nombre_de_la_función()*;

de una manera absolutamente paralela a

- echo $*nombre_de_la_variable*;

- *Documento inicial, sin código PHP, dotado de un formulario, donde se introducen los valores del capital, del rédito y del tiempo.*

- <?php
-

- function int_comp($ninguno, $red, $tmp){ // Definición de una función
- $fact_an = 1 + $red /100;
- $fact_todo = pow($fact_an, $tmp);
- $ningún_fin = $ningún * $fact_todo;
- return $ningún_fin; // La función devolverá el valor calculado
- }
-
- ?>

- <?php
-
- include ("13g.php"); // Importa el archivo que contiene la función exterior
- echo "<p>" . int_comp($_TABLE['c'], $_TABLE['r'], $_TABLE['te]) . "</p>"; // Ejecutamos la función y presentamos el resultado
-
- ?>

Lectura de ficheros

Introducción

El **PHP** permite guardar datos estructurados en ficheros de texto (**.txt** o mejor **.php**); posteriormente estos datos son recuperadas y aprovechadas con finalidades diversas. La lectura de los datos se hace línea a línea; la *escritura* se puede hacer línea a línea, por la carga de todo el fichero en bloque, o puede formar parte de la web con carácter fijo.

Las actuaciones línea a línea sobre un fichero siempre comportan tres operaciones:

- Abrir el fichero con la función **fopen()**.
- Hacer la actuación correspondiente de lectura, con **fgets()**, o de escritura, con **fputs()**.
- Cerrar el fichero con la función **fclose()**.

La función **fopen()** usa dos argumentos: en el primero se indica el archivo sobre el cual se actúa, y en el segundo se indica el modo. Hay tres modas, **"r"** (lectura), **"w"** (escritura) y "a" (escritura añadida al contenido anterior).

La función **fopen()** se usa así:

- $ctrl = fopen("$nombre_de_el archivo","*modo*")

El identificador **$ctrl** (de nombre arbitrario) es una variable que se usa como referencia en el resto del programa hasta el momento de cerrarlo. Podemos concebirla como *el nombre del fichero un golpe abierto*.

Estructura para la lectura de documentos

Un golpe abierto el fichero en modo **r**, la lectura se hace con la función **fgets()**, que se aplica tantas veces como líneas tenga el fichero:

- $ctrl=fopen("*nombre*.php","r");
- $lectura = fgets($ctrl);
- *... instrucciones sobre qué hacer con los datos $lectura ...*
- *... repetir la estructura anterior tantas veces como haga falta ...*
- fclose($ctrl);

Se puede añadir un segundo argumento a fgets() que indique la medida máxima de cada lectura:

- $lectura = fgets($ctrl, 100)

hace que los fragmentos leídos tengan como máximo 99 bytes.

- Saturno
- 14a.jpg
- 60.268 km.
- 95.152 Tierras
- 29,46 años

- <?php
- $ctrl = fopen("14a.php", "r"); // Abrimos el fichero
- $linia_1 = fgets($ctrl, 4096); // Inicio de la lectura y aprovechamiento
- echo "<h2 style='fuente-size: 30px; texto-decoration: underline; texto-align: center; color: blue'>" . $linia_1 . "</h2>";
- echo "<p> </p>";

- $linia_2 = fgets($ctrl, 4096);
- echo "<p><img src='" . $linia_2 . "' alto='foto' style='float: right' />";
- $linia_3 = fgets($ctrl, 4096);
- echo "Radio ecuatorial: " . $linia_3 . "<br />";
- $linia_4 = fgets($ctrl, 4096);
- echo "Massa: equivalente a " . $linia_4 . "<br />";
- $linia_5 = fgets($ctrl, 4096);
- echo "Periodo orbital: " . $linia_5 . "</p>"; // Final de la lectura y aprovechamiento
- fclose($ctrl); // Cerramos el fichero
- ?>

Hacer una lectura de un fichero conociendo el número de líneas es, en realidad, de muy poca utilidad. En el caso más general no conocemos el número de líneas; entonces hay que establecer un programa de lectura en bucle, combinando **while()**, que controla la ejecución reiterada, con la función **feof()**, que detecta el final del fichero:

- $ctrl=fopen("*nombre*.php","r");
- while(!feof($ctrl)){
- $lectura = fgets($ctrl);
- ... *instrucciones sobre qué hacer con los datos $lectura ...*
- }
- fclose($ctrl);

- *Documento inicial, sin código PHP, dotado de dos enlaces, cada uno de los cuales aporta un valor diferente de GET*

- Qué pequeña patria
- rodea el cementerio!
- Esta mar, Sinera,

- cerros de pinos y viña,
- polvo de rials. No estimo
- nada más, excepto la sombra
- viajera de una nube
- y el lento recuerdo de los días
- que son pasados por siempre jamás.

- Viñas verdes borde el mar,
- ahora que el viento no masculla,
- os hacéis más verdes y encar
- tenéis la hoja pocha,
- viñas verdes borde el mar.

- `<?php`
-
- `$autor = $_GET['a'];` // Recibe el dato de la elección
- `if ($autor == "esp") { $ctrl = fopen("14c.php", "r");` } // Una opción abre un fichero
- `if ($autor == "sag") { $ctrl = fopen("14d.php", "r");` } // La otra opción abre el otro
- `while (!feof($ctrl)) {` // Bucle con control del final
- `$linia = fgets($ctrl, 4096);` // Lectura de cada línea
- `echo $linia . "<br />";` // Presentación de la línea
- `}`
- `fclose($ctrl);` // Cierra el fichero abierto
-
- `?>`

Aplicación de pequeña bases de datos

Cada una de las líneas del fichero de texto puede ser estructurada en varias secciones, mediante un carácter - o secuencia de caracteres - de separación. De este modo el fichero puede equivaler a una tabla de datos: cada línea es un registro y cada sección un campo.

- 3 ¬ Le ¬ Litio ¬ 3 ¬ 6,94
- 6 ¬ Na ¬ Sodio ¬ 11 ¬ 22,997
- 4 ¬ K ¬ Potasio ¬ 19 ¬ 39,096
- 5 ¬ Rb ¬ Rubidio ¬ 37 ¬ 85,48
- 1 ¬ Cs ¬ Cesio ¬ 55 ¬ 132,91
- 2 ¬ Fr ¬ Francio ¬ 87 ¬ (223)

- <?php
- $ctrl = fopen("14g.php", "r"); // Abre el fichero
- while (!feof($ctrl)) { // Bucle con control de final de fichero
- $linia = fgets($ctrl, 4096); // Lectura línea a línea
- list($n,$a,$b,$c,$d) = explode(' ¬ ',$linia); // Fragmentación de las líneas (registros) en campos
- echo '<tr>'; // Inicio de la fila correspondiente a un registro
- echo '<td class="e">' . $a . '</td>';
- echo '<td class="e">' . $b . '</td>';
- echo '<td class="e">' . $c . '</td>';
- echo '<td class="e">' . $d . '</td>';
- echo '</tr>'; // Final de la fila correspondiente a un registro
- }
- fclose($ctrl); // Cierra el fichero
- ?>

Si, mediante un formulario u otro recurso, introducimos en el programa un valor **$valor** de un campo, podemos seleccionar sólo los registros que cumplen un determinado requisito

- if ($campo_leído == $valor){
- *instrucciones*
- }

Son posibles muchas combinaciones:

- Presentar todos los campos de los registros seleccionados.
- Presentar el valor de un campo de todos los registros, y a partir de este valor seleccionar uno o más registros, de los cuales, en una segunda fase, se presentarán todos los campos o una parte de estos.
- Usar los valores de un campo del registro seleccionado como criterio de selección en una segunda tabla (bases de datos relacionales).
- ...

Hay que advertir pero que este método resulta muy poco eficiente, y sólo se tendría que usar en bases de datos muy pequeñas. Para las bases de datos grandes se usa el **MySQL**.

Modificación de ficheros

Permiso de escritura

Un fichero situado en un servidor de Internet tiene, como norma general, sólo permiso o modo de lectura. Esto significa que los usuarios sólo lo pueden usar pasivamente, pero no modificar el contenido. Si accedemos con **fopen(...,"w")**, obtendremos una nota de error, puesto que estamos intentando escribir sin permiso en un fichero. Si queremos modificarlo - por ejemplo, añadiendo contenido - tenemos que modificar el modo con la función **CHMOD**. Esta función se puede activar de varias maneras:

- Con un programa **FTP**. Hay que ir a File > Properties (o análogo) y cambiar el parámetros.
- Desde el plafón de control (**CPanel** o análogo > Administrador de Ficheros > Cambiar los permisos)
- Usando la función **CHMOD()** de PHP .

El parámetro **modo** consiste en cuatro cifras:

- Un **0**
- Cifra indicativa de los permisos para el propietario.
- Cifra indicativa de los permisos para un grupo restringido asociado al propietario.
- Cifra indicativa de los permisos para todo el mundo.

A su vez, las cifras indicativas de permisos resultan de la suma de los valores siguientes:

- 1: permiso de ejecución
- 2: permiso de modificación
- 4: permiso de lectura

Así, el número **0644** significa permiso de lectura y escritura para el administrador y de sólo lectura para todo el resto.

Para el que sigue, el permiso adecuado es el **0666**.

Estructura para la modificación de documentos

Un golpe abierto el fichero en modo **w**, la introducción del contenido se lleva a cabo con la función **fputs()** (una vez o más).

- $identificador=fopen("*nombre_de el_fichero*","*modo*");
- ..... *Creación del contenido del fichero, con el uso de fputs(identificador,contenido) .....*
- fclose($*identificador*);

fputs() usa dos argumentos: el identificador y el contenido. El contenido puede ser:

- Un literal.
- Un contenido fijo declarado en forma de variable.
- Una verdadera variable, procedente de alguna función.
- Una variable procedente de un formulario, recogida mediante **$_TABLE['*nombre*']** o análogo.
- Cualquier combinación de los anteriores.

La función **fputs()** tiene un equivalente, la función **fwrite()**.

- *Documento inicial, sin código PHP, dotado de un formulario para el establecimiento de un estilo personalizado.*

- <?php
-
- $medida = "14px"; // Valores por defecto

```php
•   $color = "black";
•
•   if ($_TABLE['me ] == "gr") { // Uso de los datos
procedentes del formulario
•   $medida = "16px";
•   }else{
•   if ($_TABLE['me ] == "pt") {
•   $medida = "12px";
•   }
•   }
•
•   if ($_TABLE['c'] == "bl") {
•   $color = "blue";
•   }else{
•   if ($_TABLE['c'] == "vd") {
•   $color = "green";
•   }
•   }
•
•   if ($_TABLE['g'] == "ng") {
•   $estilo = "fuente-weight: bold";
•   }
•
•   if ($_TABLE['g'] == "cv") {
•   $estilo = "fuente-style: italic";
•   }
•
•   $ctrl = fopen("15c.txt","w"); // Abrir el fichero
•   fputs($ctrl,"p { fuente-size: " . $medida . " } \n"); //
Incorporar los datos elaborados
•   fputs($ctrl,"p { color: " . $color . " } \n");
•   fputs($ctrl,"p { " .$estilo . " } \n");
•   fclose($ctrl); // Cerrar el fichero
•   ?>
```

•   *Documento de texto resultante del anterior, con un
contenido dependiente de la elige y análogo al siguiente:*

-
  - p { fuente-size: 10px }
  - p { color: blue }
  - p { fuente-weight: bold }

- *Documento* **PHP** *con la inclusión de las especificaciones de estilo a HEAD .*
-
- ...
- <style type="texto/css">
- <?php
- include "15c.php"; // Inclusión de los datos de estilo contenidas en el fichero modificado
- ?>
- </style>
- ...

Estructura para la ampliación de documentos línea a línea

Si abrimos en modo **"w"** un documento ya existente, todo el contenido anterior desaparece. Para añadir datos tenemos que usar el modo **"a"**.

- *Documento de texto, que se actualiza paulatinamente.*

- <?php
-

- $ctrl = fopen("15e.php", "r"); // Abre el fichero en modo de lectura
- while (!feof($ctrl)) { // Bucle y control del final
- $linia = fgets($ctrl, 4096); // Lectura línea a línea
- list($a,$b) = explode(' ¬ ',$linia); // Manipulación
- echo '<tr>';
- echo '<td class="aut">' . $a . '</td>'; // Presentación del contenido
- echo '<td class="cómo">' . $b . '</td>';
- echo '</tr>';
- } // Fin del bucle
- fclose($ctrl); // Cierre del fichero
-
- ?>
-
- *A continuación, con código* **HTML**, *se solicita un nombre y un comentario, que serán añadidos a los existentes.*

- <?php
-
- $ctrl = fopen("15e.php", "a"); // Abre el fichero en modo **a**
- $linia = $_POST['nombre'] . " ¬ " . $_TABLE['cómo']; // Recibe los datos nuevos
- $linia = stripcslashes($linia);
- $linia = "\n" . $linia;
- fputs($ctrl,$linia); // Las añade al contenido anterior
- fclose($ctrl); // Cierra el fichero
-
- ?>
-
- *A continuación, con un código* **PHP** *idéntico al del documento anterior, vuelve a presentar el contenido, ahora ampliado.*

----

*Nota: Atendida la finalidad didáctica de este ejemplo, el segundo documento **PHP** contiene, además, un programa final, que restaura el contenido inicial del documento de texto. No es posible, pues, de actuar reiteradamente.*

Carga y detección de ficheros

Copiar en el servidor un documento externo

La carga de un documento en el servidor desde el ordenador del administrador o desde el de un usuario autorizado compuerta dos operaciones sucesivas: la remisión del fichero a un directorio temporal y la ubicación de este en un lugar definitivo.

Es imprescindible que el directorio de destino tenga permisos de escritura.

La remisión se lleva a cabo desde un formulario dotado de **<input type="submit" name="***nombre* ... ">**

A continuación se aplica la función **move_uploaded_hilo()**, incluida en un segundo documento. Hay que especificar los argumentos como consta a continuación:

- move_uploaded_hilo($_FILAS["*identificador*"]["tm p_name"],"ruta_completa");

dónde

- **identificador** es el nombre dando con **name** a input

.

- **ruta completa** es la indicación de la ubicación definitiva del documento incorporado, incluido el nombre que damos en este.

En caso de duda, se puede usar la función **getcwd()**, que devuelve la dirección del directorio desde donde se actúa.

Si queremos mantener el nombre original del fichero, podemos expresarlo mediante **$_FILAS["*identificador*"]["name"]**.

$_FILAS se forma automáticamente, y contiene los datos siguientes: ["name"] (nombre original del fichero), ["type"] (tipo del fichero), ["size"] (medida), ["tmp_name"] (nombre del fichero dentro de la carpeta temporal) y ["error"] (notificación en el caso de un eventual error)

Si el fichero ya existía, el nuevo eliminará el antiguo.

- *Documento **HTML** dotado de **input type="submit"***

- <?php
-
- $a = getcwd(); // dirección del directorio presente
- $desti = $a . "16c/imagen.jpg"; // La completamos con la referencia al destino definitivo de la imagen. Atención a los permisos del directorio!
- move_uploaded_hilo($_FILAS["alta"]["tmp_name"],$desti); // Pasamos el fichero del directorio temporal al definitivo
-
- ?>

- *Documento **HTML** que presenta la imagen incorporada al directorio*

Nota: Atendida la finalidad didáctica de este ejemplo, sólo es posible incorporar una sola imagen. A cada incorporación, como que el nombre del fichero es siempre el mismo, se elimina el anterior.

Detección los documentos de un directorio

En una web muy dinámica, el número de ficheros contenidos en un directorio cambia constantemente. No es cuestión de cambiar los programas cada vez que hay un cambio cualquiera. Con la función **scandir** detectamos todo el contenido de un directorio (incluidas las referencias relativas '.' y '..'), que es abocado en un vector:

- $nombre_de el_vector = scandir(nombre_de el_directorio);

Podemos individualizar cada uno de los elementos del vector con la función **foreach()**.

- *Un directorio con imágenes*

```php
<?php

$a = getcwd();
$decir = $a . "/16f"; // Elige el directorio
$lista = scandir($decir); // lee el conjunto de los elementos
foreach($lista as $elemento){ // Uno a ud
if ($elemento != "." && $elemento != ".."){ // Elimina estas dos referencias relativas
echo '<img src= "16f/' . $elemento . '" style="float: left" alto = "imagen" />'; // Uso de las referencias buenas
}
}

?>
```

La función **scandir()** sólo es disponible en **PHP 5**. En las versiones anteriores había que recurrir a una fórmula más compleja:

- if ($ctrl1=opendir('*nombre_de el_directorio*')){
- $n=0;
- while (false !== ($docum=readdir($ctrl1))){
- if ($docum != "." && $docum != ".."){
- $llistaf[$n]=$docum;
- $n++;
- }
- }
- }
- closedir($ctrl1);

Cambio de documento

Cambio de un documento a otro

Con la función **header()** se puede pasar de un documento **PHP** a otro documento (**PHP** o no).

- header("Location: *dirección*");

donde **dirige** es la dirección del documento de destino, que puede ser representada mediante un literal o una variable. Esta función no puede ser precedida de ninguna instrucción de **(X)HTML** en el documento en que se usa. Además, si en un documento se usa más de uno, los diversos casos tienen que depender de condiciones (**if** u otras) mutuamente excluyentes.

La función **header()** es muy utilizada para la remisión automática a un documento u otro dependiente de alguna variable o conjunto de variables, introducidas por el usuario (por ejemplo mediante formularios) o de procedencia diversa (por ejemplo día y hora).

- <?php
-
- $día_semana = gmdate(w); // Determinación del día de la semana
- if ($día_semana == "0") { // Si es domingo
- header ("Location: 17b.php"); // Ve a este documento
- }else{ // Si no es domingo
- header ("Location: 17c.php"); // Ve a este otro
- }
-
- ?>

- *Documento **HTML** que se presenta si es domingo*

- *Documento **HTML** que presenta si no es domingo*

Esta función se usa a menudo en validaciones de formularios:

- *Recepción de los datos de un formulario;*
- if (*Comprobación, más o menos compleja, de la adecuación de los datos*){
- *continúa el proceso previsto*;
- }else{
- header ("Location: *documento_de_notificación_de error*");
- }

Remisión por correo electrónico

Se usa la función **mail()**, con el formato siguiente::

- mail(*destinatario,tema,contenido,complementos*);

Notamos algunas particularidades del uso de mail() :

- El orden de los argumentos es relevante: el **destinatario** es necesariamente el primero, el **tema** necesariamente el segundo, etc.
- Los argumentos **destinatario** y contenido son obligatorios.
- El argumento **contenido** puede ser una cadena de texto o un documento **HTML**.
- El argumento **complementos** tiene que contener, al menos, una dirección de correo correspondiente, en

principio, al remitente remoto, con el formato 'From: *dirección*'. (Se entiende que el remitente remoto es el usuario que activa la remisión; el verdadero remitente es el servidor donde se aloja la web).

- El argumento **complementos** también puede contener indicaciones 'cc: *dirección*' y 'bcc: *dirección*', correspondientes a las opciones *con copia* y con *copia oculta*.

- *Documento* **HTML** *donde se recogen los datos.*

- <?php
-
- if($_TABLE['dest']=="" || $_TABLE['mstg']=="" || $_TABLE['cerm']==""){ // Comprueba que se hayan llenado los campos obligatorios
-
- $lugar = '17f.php'; // Determinación del documento de destino en caso de error
-
- }else{
-
- $texto= stripcslashes($_TABLE['mstg']) . "\n\n" . "Dirección IP del Remitente: " . $_SERVER['REMOTE_ADDR']; // Añade al texto información sobre el servidor del usuario
- $remitente = 'From: ' . $_TABLE['cerm']; // Da el formato adecuado a la información sobre el remitente remoto
-
- mail($_TABLE['dest'], $_TABLE['titl'], $texto, $remitente); // Hace la remisión
-
- $lugar = '17g.php'; // Determinación del documento de destino en caso de acierto
-
- }

-
- header("Location: $lugar"); // Remisión al documento adecuado
-
- ?>

- *Documento* **HTML** *que se presenta si no se ha llenado correctamente el formulario.*

- *Documento* **HTML** *que presenta si se ha llenado correctamente el formulario.*

En el caso de los formularios de recogida de datos, el usuario no indica el destinatario, sino que este es prefijado en el propio programa.

Remisión de un documento HTML por correo electrónico

Es un caso particular del anterior; en el parámetro **complementos** hay que hacer constar que el texto se tiene que interpretar como **HTML**.

- ...
- $complementos = 'From: ' . $_TABLE['cerm'] . "\r\n";
- $complementos .= 'MIME-Version: 1.0' . "\r\n";
- $complementos .= 'Contento-type: texto/html; charset=iso-8859-1' . "\r\n";
- ...

- mail($_TABLE['dest'], $_TABLE['titl'], $texto, $complementos);
- ...

Presentación de datos mediante imágenes

Creación e inserción de imágenes

Un documento de PHP puro puede crear una imagen efímera, que es insertada en otro documento. El esquema básico es el siguiente:

- *identificador* = imagecreatetruecolor(*anchura, altura*);
- ...
- *instrucciones sobre el contenido de la imagen*
- ...
- header("Contento-type: image/jpeg");
- imagejpeg(*identificador*);
- imagedestroy(*identificador*);

La función **imagecreatetruecolor()** crea una imagen sin contenido apta para recibir todo tipo de colores y transparencias, sin limitación. La función **imagedestroy()**libera los recursos empleados en las operaciones anteriores.

El identificador introducido a la primera línea se tiene que mantener como parámetro en las funciones usadas en el resto del programa.

A la penúltima línea, en vez de **imagejpeg** podemos usar **imagegif** o imagepng ; al antepenúltima el parámetro **Contento-type** tiene que ser coherente con la especificación elegida.

La imagen así creada es insertada en el documento portador del mismo modo que una imagen permanente:

- <img src='*nombre*.php' ... />

Definir colores

Antes de incluir elementos - fundes, trazos... - en una imagen nueva, hay que especificar los colores que se usarán. Cada color recibe un nombre, que se usará después para determinar el color de cada elemento. La definición de los colores se realiza con la función **imagecolorallocatealpha()**, que adopta la forma siguiente:

- $nombre_de el_color = imagecolorallocate(*identificador*, *r*, *g*, *b*, *alpha*);

Los valores **r**, **g** y b indican las intensidades de rojo, verde y moratón y se expresan en formato decimal con valores de 0 a 255 o con formato hexadecimal con valores entre **0x00** y 0xFF . El valor de *alpha* se expresa con un número que va del **0** (opacidad total) al **127** (transparencia total).

La variante **imagecolorallocate()** prescinde de la *alpha*, que fija en 0.

Color de fondo

El color de fondo se especifica con la función **imagefill()**:

- imagefill(*identificador*, *x_izquierdo*, *y_superior*, *nombre_de el_color*);

El rectángulo comprendido entre el borde izquierdo, el borde superior, **x_izquierdo** y x_derecho queda sin modificar.

Nota: las coordenadas verticales tienen el origen en la parte superior, al contrario del que es habitual en matemáticas.

Figuras geométricas

Hay una serie muy numerosa de funciones que dibujan elementos geométricos. Algunas de las más elementales son las siguientes:

Punto	imagesetpixel();	*x, y*
Recta	imageline();	*x_inicial, y_inicial, x_final, y_final*
Rectángulo	imagerectangle();	*x_inicial, y_inicial, x_final, y_final*
Rectángulo lleno	imagefilledrectangle();	*x_inicial, y_inicial, x_final, y_final*
Elipse	imageellipse();	*x_centre, y_centro, eje_horizontal, eje_vertical*
Elipse llena	imagefilledellipse();	*x_centre, y_centro, eje_horizontal, eje_vertical*

Recordamos que el cuadrado es un caso particular del rectángulo y la circunferencia un caso particular de la elipse.

En todos los casos el uso de la función responde al patrón siguiente:

- imageline(*identificador, parámetros específicos, nombre_de el_color*);

- *Documento* **HTML** *portador de la imagen*

- <?php
-

- $ctrl = imagecreatetruecolor(300,250); // Crea la imagen
- $amarillo_claro = imagecolorallocate($ctrl,255,255,127); // Define un color
- $verde = imagecolorallocate($ctrl,0,127,0);
- $rojo = imagecolorallocate($ctrl, 240, 0, 10);
- $moratón_tr = imagecolorallocatealpha($ctrl,0,0,255,63); // Define un color parcialmente transparente
- ImageFill($ctrl,0,0,$amarillo_claro); // Fundes de la imagen
- imagerectangle($ctrl,3,3,297,247,$verde); // Rectángulo vacío para el margen
- imagefilledrectangle($ctrl, 50, 50, 230, 125,$verde); // Rectángulo lleno
- imagefilledellipse($ctrl, 200, 150, 140, 140,$moratón_tr); // Círculo
- imageline($ctrl, 20, 30, 280, 185, $rojo); // Línea recta fina
- header ("Contento-type: image/jpeg");
- imagejpeg($ctrl);
- imagedestroy($ctrl); // Libera los recursos
-
- ?>

Textos

Con la función **imagestring()** podemos añadir cadenas de texto a la imagen:

- imagestring(*identificador*, *medida_de_letra*, *x_inicial*, *y_inicial*, *texto*, *nombre_de el_color*);

Las medidas de letra son 5, numeradas de la **1** al **5**.

El texto se puede indicar mediante un literal o una variable.

- *Documento **HTML** portador de la imagen*

- `<?php`
-
- `$día = gmdate(j) ;`
- `$mes = gmdate(m);`
- `if ($mes == "01") {$mes = " de enero "; }`
- `if ($mes == "02") {$mes = " de febrero "; }`
- `if ($mes == "03") {$mes = " de marzo "; }`
- `if ($mes == "04") {$mes = " de abril "; }`
- `if ($mes == "05") {$mes = " de mayo "; }`
- `if ($mes == "06") {$mes = " de junio "; }`
- `if ($mes == "07") {$mes = " de julio "; }`
- `if ($mes == "08") {$mes = " de agosto "; }`
- `if ($mes == "09") {$mes = " de septiembre "; }`
- `if ($mes == "10") {$mes = " de octubre "; }`
- `if ($mes == "11") {$mes = " de noviembre "; }`
- `if ($mes == "12") {$mes = " de diciembre "; }`
- `$año = "de " . gmdate(Y) ;`
- `$texto = $día . $mes . $año;` // Formación del texto con los datos sudara obtenidas
-
- `$ctrl = imagecreatetruecolor(300,36);` // Creación de la imagen
- `$moratón = imagecolorallocate($ctrl,0,0,255);` // Determinación del color
- `$blanco = imagecolorallocate($ctrl,255,255,255);`
-
- `imagefill($ctrl, 0, 0, $moratón);` // Color de fondo
- `imagestring($ctrl, 5, 30, 10, $texto, $blanco);` // Inserción del texto
-
- `header ("Contento-type: image/jpeg");`
- `imagejpeg($ctrl);`
- `imagedestroy($ctrl);`

- ?>

Imágenes a partir de formularios

La introducción de datos por el usuario complica un poco las cosas. Por un lado, un golpe hecha esta operación, tenemos que cambiar al documento portador de la imagen; de la otra, tenemos que enviar los datos al documento generador de la imagen. Una solución consiste a tener un documento-puente que hace los dos cometidos: convierte los datos del formulario en variables de sesión y a continuación, mediante un **header**, nos conduce al documento portador de la imagen. Por su parte, el documento generador de la imagen recoge des datos de las variables de sesión.

- *Documento HTML dotado de un formulario.*

- <?php
-
- session_start(); // Inician los datos como variables de sesión
- $_SESSION['t1'] = $_TABLE['t1'];
- $_SESSION['t2'] = $_TABLE['t2'];
- $_SESSION['t3'] = $_TABLE['t3'];
- $_SESSION['t4'] = $_TABLE['t4'];
-
- header ("Location: 18g.php"); // Cambiamos al documento portador de la imagen
-
- ?>

- *Documento HTML portador de la imagen generada.*

```php
<?php

session_start(); // Recoge las variables de sesión
$t1 = $_SESSION['t1'];
$t2 = $_SESSION['t2'];
$t3 = $_SESSION['t3'];
$t4 = $_SESSION['t4'];

$max = $t1; // Con objeto de escalar la gráfica, cuál es el valor más grande?
if ($t2>$max) { $max = $t2; }
if ($t3>$max) { $max = $t3; }
if ($t4>$max) { $max = $t4; }
$coef = 200 / $max; // El más grande tendrá 200 píxeles

$ac1 = 200-round($t1 * $coef); // Calcula los límites superiores de cada barra
$ac2 = 200-round($t2 * $coef);
$ac3 = 200-round($t3 * $coef);
$ac4 = 200-round($t4 * $coef);

$ctrl = imagecreatetruecolor(100,200); // Crea la imagen

$blanco = imagecolorallocate($ctrl, 255, 255, 255); // Define dos colores
$verde = imagecolorallocate($ctrl,0,255,0);

imagefill($ctrl, 0, 0, $blanco); // Establece el color de fondo

imagefilledrectangle($ctrl, 2, $ac1, 23, 200,$verde); // Dibuja cada una de las barras
```

- imagefilledrectangle($ctrl, 27, $ac2, 48, 200,$verde);
- imagefilledrectangle($ctrl, 52, $ac3, 73, 200,$verde);
- imagefilledrectangle($ctrl, 77, $ac4, 98, 200,$verde);
-
- header ("Contento-type: image/jpeg"); // Instrucciones finales
- imagejpeg($ctrl);
- imagedestroy($ctrl);
-
- ?>

Control de errores

Tipología de los errores

Cualquier programa informático es susceptible a errores. De errores, hay de tres tipos:

- Errores del programador mientras construye el programa: idealmente un programa puesto en circulación no contiene, a pesar de que algunas veces se descubren posteriormente; para minimizar este riesgo es bueno de usar recursos que nos advierten de posibles fallos mientras construimos los programas.
- Errores del usuario: nunca podemos dar por garantizado que el usuario hará aquello que nosotros hayamos previsto que tendría que hacer; no hay bastante, por ejemplo, de indicar que un campo de un formulario es obligatorio; hay que **hacerlo** obligatorio mediante estructuras de control, que a menudo dan a un aviso seguido del regreso a la posición de partida.
- Errores de funcionamiento: fallos puntuales del servidor, o de la conexión, o un microcorte de electricidad, etc.

A continuación se presentan algunos recursos.

Estructuras condicionales

Se acostumbra a usar estructuras del estilo de la siguiente:

- if (*evaluación_de una_condición*){
- *instrucciones en caso de éxito*
- }else{
- *instrucciones en caso de fracaso*

- }

Este tipo de control se puede hacer extensible a la ejecución de una función. Las funciones, cuando son ejecutadas, generan el valor **true**; en caso contrario, dan **false**, que puede condicionar la aparición de un mensaje de error.

- if ($ar = *función()*){

Notamos que en esta estructura no se usa lo '**;**' final.

- *Documento HTML con dos opciones, qua pasa los valores a un documento **php** vía **GET**. Una de las dos opciones es voluntariamente errónea.*

```php
<?php

echo "<p>";

$a = $_GET['v']; // Recibe los datos
if ($ar=fopen($a,"r")){ // Intenta abrir el fichero
while(!feof($ar)){ // En caso de éxito
$lectura = fgets($ar);
echo $lectura . "<br />";
}
fclose($ar);
}else{
echo "Error: no funciona"; // En caso de error (por
ejemplo, el fichero invocado no existe)
}

echo "</p>";

?>
```

- *Documento '.txt'. (sólo hay uno; el otro nos hemos* **olvidado** *de hacerlo).*

Las funciones *die()* y exit().

Estas funciones dan un mensaje de error y a la vez interrumpen la ejecución del programa. En general se hacen depender de un **oro**.

- $ar=fopen("datos.txt","a") oro
- die("La cosa no ha ido bien");

Estas funciones son excesivamente drásticas y se usan sobre todo en las fases de escritura de los programas. Si el que queremos es prevenir el usuario final ante un error aleatorio, no atribuible en una mala programación, es mucho mejor el procedimiento expuesto al apartado anterior.

- *Documento HTML con un enlace, voluntariamente erróneo.*

- <?php
-
- $a=$_GET['v'];
- $ar=fopen($a,"r")
- oro exit("Error: no funciona"); // En caso de error, interrumpe el programa
-
- ?>

Observáis en particular el código fuente del documento generado: queda a medias debido a la interrupción.

Restringir acceso mediante una contraseña temporal

La protección contra el uso indebido puede ser reforzada mediante contraseñas temporales, presentadas al usuario en forma de imagen, generalmente acompañada de elementos que, sin impedir la lectura humana, dificulten mucho la lectura automática.

- *Documento HTML con una imagen inserta, portadora de una contraseña, y dotado a la vez de un formulario en el cual hay que escribir la contraseña como comprobación.*

- `<?php`
-
- `$ctrl=imageCreate(100,30);`
- `$amarillo_claro=imagecolorallocate($ctrl,255,255,127);`
- `$rosa=imagecolorallocate($ctrl,255,127,127);`
- `$verde=imagecolorallocate($ctrl,0,127,0);`
- `imagefill($ctrl,0,0,$amarillo_claro);`
- `$valor_aleatorio=rand(100000,999999);` // Se genera un número aleatorio
- `session_start();`
- `$_SESSION['número_aleatorio'] = $valor_aleatorio;` // El número aleatorio se guarda como variable de sesión
- `imagestring($ctrl,5,25,5,$valor_aleatorio,$verde);` // Se inscribe el número en la imagen
- `for($c=0;$c<=5;$c++){`
- `$x1=rand(0,100);`
- `$y1=rand(0,30);`

- $x2=rand(0,100);$
- $y2=rand(0,30);$
- imageline($ctrl,$x1,$y1,$x2,$y2,$rosa); Y se añaden líneas aleatorias para 'despistar'
- }
- header ("Contento-type: image/jpeg");
- imagejpeg ($ctrl);
- imagedestroy($ctrl);
-
- ?>

- <?php
-
- session_start();
- if ($_SESSION['número_aleatorio'] != $_REQUEST['control']){ // Analiza la coincidencia entre el número entrado por el usuario y la variable de sesión recuperada
- header ("Location: 19j.php"); // Si no hay coincidencia
- }else{
- header ("Location: 19y.php"); // Si hay coincidencia
- }
-
- ?>

- *Documento de notificación de error.*

- *Documento notificador de acierto; en un caso real sería la continuación del programa.*

Mensajes automáticos de error

El **PHP** dispone de un conjunto de mensajes de error que se activan cuando, por un error de programación o por un fallo del sistema, se interrumpe la ejecución del programa. Son muy útiles en la fase de programación comoquiera que indican sucintamente las causas del error.

- [Mon Jun 07 14:54:07 2010] [error] [cliente xx.xx.x.xx] PHP Parse error: syntax error, unexpected '>' in /hombre/xxxxxx/public_html/php_mysql/19z.php on line 24
-
- [Mon Jun 07 14:53:56 2010] [error] [cliente xx.xx.x.xx] Hilo does not exist: /hombre/xxxxxx/public_html/404.shtml

Bases de Datos

Una Base de datos Relacional es un banco de datos que sigue el Modelo Relacional.

Una Base de datos Relacional es un concepto abstrato que define las maneras de almacenar, manipular y recuperar datos estructurados únicamente en la forma de tablas, construyendo una base de datos.

El término es aplicado a los propios datos, cuando están organizados de esa forma, o a un Sistema Gestor de Bases de datos Relacional (SGBDR) – del inglés Relational database management system (RDBMS) – un programa de ordenador que implementa la abstracción.

Las 13 reglas las bases de datos relacionales:

En 1985, Edgar Frank Codd, creador del modelo relacional, publicó un artículo donde definía 13 reglas para que un Sistema Gerenciador de Base de datos (SGBD) fuera considerado relacional:

Regla Fundamental:

Un SGBD relacional debe gestionar sus datos usando sólo sus capacidades relacionales

Regla de la información:

Toda información debe ser representada de una única forma, como datos en una tabla

Regla de la garantía de acceso:

Todo el dato (valor atómico) puede ser accedido lógicamente (y únicamente) usando el nombre de la tabla, el valor de la clave primaria de la línea y el nombre de la columna.

Tratamiento sistemático de valores nulos:

Los valores nulos (diferente del cero, del string vacío, de string de caracteres en blanco y otros valores no nulos) existen para representar datos no existentes de forma sistemática e independiente del tipo de dato.

Catálogo dinámico on-line basado en el modelo relacional:

La descripción de la base de datos está representada en el nivel lógico como los datos ordinarios (es decir, en tablas), permitiendo que los usuarios autorizados apliquen las mismas formas de manipular datos aplicada a los datos comunes al consultarlas.

Regla del sub-lenguaje abrazado:

Un sistema relacional puede soportar varios lenguajes y formas de uso, sin embargo debe poseer al menos un lenguaje con sintaxis bien definida y expresar con cadenas de caracteres y con habilidad de soporte la definición de datos, la definición de vistas, la manipulación de datos, las restricciones de integridad, la autorización y la frontera de transacciones.

Regla de la actualización de vistas:

Toda vista que sea teóricamente actualizable será también actualizable por el sistema.

Inserción, actualización y eliminación de alto nivel:

Cualquier conjunto de datos que puede ser manipulado con un único comando para devolver informaciones, también debe ser manipulado con un único comando para operaciones de inserción, actualización y exclusión. Simplificando, significa que las operaciones de manipulación de datos deben poder ser aplicar varias líneas de un golpe, en vez de sólo una por vez.

Independencia de los datos físicos:

Los programas de aplicación o actividades de terminal permanecen lógicamente inalteradas cualesquiera que sean las modificaciones en la representación de almacenamiento o métodos de acceso internos.

Independencia lógica de datos:

Los programas de aplicación o actividades de terminal permanecen lógicamente inalteradas cualesquiera que sean los cambios de información que permitan teóricamente la no modificación de las tablas base.

Independencia de integridad:

Las relaciones de integridad específicas de una base de datos relacional deben ser definidas en un sublenguaje de datos y almacenadas en el catálogo (y no en los programas).

Independencia de distribución:

El lenguaje de manipulación de datos debe de posibilitar que las aplicaciones permanezcan inalteradas tengan los datos centralizados o distribuidos físicamente.

Regla de la No-subversión:

Si el sistema relacional posee un lenguaje de bajo nivel (un registro por vez), no debe de ser posible subvertir o ignorar las reglas de integridad y las restricciones definidas en el alto nivel (muchos registros por vez).

Las tablas y Bases de datos

Tablas

Una **tabla** contiene datos sobre un conjunto de elementos que pertenecen a una misma categoría. Es muy recomendable dar a cada tabla un nombre en plural que represente de la manera más sintética posible la categoría. Por ejemplo:

- Alumnos de la escuela (o, simplemente, Alumnas)
- Elementos del Sistema Periódico (o, simplemente, Elementos)
- Leyes aprobadas por el Parlamento de Galicia (o, simplemente, Leyes)

Podemos recoger en Tablas datos sobre cualquier tipo de conjuntos:

- personas.
- objetos (desde los más individualizables físicamente, como por ejemplo coches, hasta los más abstractos, como por ejemplo zonas climáticas).
- grupos de cosas análogas (conceptos genéricos de cualquier naturaleza, como por ejemplo metal, invertebrado, pintor manierista...)
- actas (ventas, casamientos, hechos históricos...)
- conceptos abstractos (la felicidad, el amor, el deseo...)

La única condición es que, en el ámbito de validez de la base de datos, el conjunto y el tipo de elementos que lo componen queden totalmente definidos, sin posibilidades de confusión.

Un nombre sintético puede ser insuficiente para captar los matices que sin duda presentará la realidad; entonces conviene acompañar el nombre de una breve definición que sirva de guía.

Así, por ejemplo, una empresa puede tener una tabla donde consten los pedidos de los clientes, pero a la vez puede considerar que los pedidos que hace el propio personal no son verdaderos pedidos a los efectos de la tabla.

En su forma más general, una tabla organiza los datos en registros y campos, que habitualmente se representan en filas y columnas, respectivamente.

Campos

En una tabla se recogen, en cada columna, el mismo tipo de datos, que constituyen las propiedades tipificadas de los elementos representados por los registros.

Así, en una tabla **de Comarcas** podemos recoger el nombre, la superficie, la población, etc., que son las propiedades de cada una de las comarcas.

Cada uno de este tipo de datos ocupa un **campo** (una columna) de la tabla. Cada uno de los campos recibe un nombre. También en el caso de los campos es importante de definir rigurosamente qué tipo de datos tiene que contener cada P.D.

Registros

Cada elemento del conjunto definido por el nombre de la tabla ocupa un **registro** (una fila) de esta. Si pasamos a singular el nombre de la tabla, inmediatamente veremos cuál es el contenido de los registros. Los registros, a diferencia de las Tablas y de los campos, no tienen nombre; quedan definidos exclusivamente, como veremos más adelante, por su contenido o una parte de este.

A la tabla **Alumnas**, cada alumno ocupa un registro; a la tabla **Elementos**, cada elemento químico ocupa un registro; a la tabla **Comarcas**, cada comarca ocupa un registro, y a la tabla **Leyes**, cada ley ocupa un registro.

También aquí puede ser necesario establecer una definición que establezca el alcance exacto de cada registro individual:

Una empresa hace ventas por teléfono. Acaban de recoger un pedido y, a la cabeza de cinco minutos, truca el cliente porque quiere completar el pedido. ¿Qué diremos, que es el mismo pedido o una de nueva? Las dos soluciones son correctas, que dependen exclusivamente de criterios organizativos de la empresa; pero en todo caso hay que definirlo.

Base de datos

Una base de datos es un conjunto de Tablas, que tratan aspectos diferentes relacionados con un mismo tema. En el caso más sencillo, una base de datos puede quedar formada por una sola tabla, pero las posibilidades de la informatización de bases de datos relacionales lo van tirando paulatinamente más raro.

Por ejemplo, podemos crear una base de datos sobre arquitectura e incluir varias Tablas: una sobre **arquitectos**, otra sobre **estilos arquitectónicos**, otra sobre **monumentos y edificios**, etc.

Base de datos relacional

Una base de datos relacional es una base de datos de dos o más Tablas en que se cumplen dos series de requisitos:

1. las Tablas se encuentran sometidas a unas condiciones de normalidad.
2. entre las Tablas se establecen relaciones que cumplen determinados requisitos formales.

La base teórica de las bases de datos relacionales fue establecida por E.F. Codd el 1969, partiendo de conceptos matemáticos: teoría de conjuntos y lógica de predicados, y se ha ido desarrollando posteriormente. El término **relacional** se tiene que aplicar en realidad al conjunto de la teoría: una simple tabla ya es un sistema de relaciones. En general, se considera - erróneamente pero - que el término relacional sólo hace referencia a uno de los aspectos de la teoría, concretamente el de las relaciones entre Tablas. La distinción no tiene más trascendencia en las aplicaciones prácticas, pero conviene tenerla presente para abordar los trabajos teóricos de más nivel sobre el tema.

Criterios básicos

Para el correcto diseño de una base de datos relacional, hay que tener presentes varios criterios. Los tres primeros hacen referencia a la organización:

- Cualquier relación de datos (ej. el nombre de un cliente con su dirección, el nombre de un país con el de su capital, el nombre de un alumno con su fecha de nacimiento...) tiene que constar sólo una sola vez en una sola tabla de la base de datos. Así, cuando lo entramos lo hacemos en un solo lugar y si nunca tenemos que modificarla también lo haremos en un solo lugar.
- Cualquier dato que se pueda deducir inequívocamente de dos otros datos preexistentes tiene que ser excluida de la base de datos. Los cálculos se hacen en la explotación de la base de datos, pero no forman parte de los datos contenidos.

- Como consecuencia de los dos puntos anteriores, las Tablas sólo pueden contener:
  o datos no repetidos ni deducibles otros, y
  o referencias que liguen estos datos con las contenidas en otras Tablas.

Y, naturalmente, hay condiciones ligadas en el programa informático:

- La organización de los datos en Tablas tiene que ser compatible con las capacidades de procesamiento del programa informático de que disponemos.
- La explotación de los datos tiene que permitir la presentación del resultado de la combinación de las diversas Tablas: el carácter relacional no puede limitarse a una simple estructuración teórica, sino que tiene que dar lugar a informaciones presentadas de una manera práctica.

Integridad de entidad e integridad de dominio

Introducción

En el diseño de los registros y los campos de una tabla es altamente recomendable la satisfacción de determinados requisitos, denominados condiciones de integridad y condiciones de normalidad, que en buena parte se deducen del que ya hemos dicho. Esta recomendación acontece obligación si queremos establecer relaciones entre Tablas.

Clave primaria e integridad de entidad

Los campos que describen las propiedades de cada elemento representado en una tabla son de dos tipos: hay unos que son definitorios y otros que son descriptivos.

Cada persona, por ejemplo, es única e irrepetible: hay pues algunos disparos que son definitorios de la identidad personal: desde un punto de vista legal, por ejemplo, el número del **DNI**. Hay otros disparos, en cambio, que son ampliamente compartidos: por ejemplo, tener los ojos azules, o haber nacido el 1953.

Aquello que define de una manera inequívoca un elemento en una tabla se denomina **clave primaria** de esta tabla y, en el caso más sencillo, corresponde una columna o campo.

En una tabla que recogiera datos sobre plantas, el campo **Nombre científico** sería la clave primaria; los otros datos serían campos descriptivos.

De esta distinción se desprenden inmediatamente dos consecuencias:

- el campo que contiene la clave primaria no puede quedar vacío: No tiene sentido lógico predicar un atributo de un elemento desconocido. De esta condición decimos **integridad de entidad**.
- no puede haber dos registros con la misma clave primaria: dos elementos serían a la vez distintos y el mismo.

Estas condiciones son de naturaleza lógica, pero a la vida real no son siempre fáciles de satisfacer, porque la recogida de datos no es un acto instantáneo, sino un proceso, y en un determinado momento de este proceso podemos ignorar el dato correspondiente a la clave primaria.

De vuelta en casa el primer día de Facultad, en Juan hace mentalmente una base de datos de los compañeros de curso: Óscar e Irene, que ya conoce muy bien porque eran compañeros de Instituto; un chico que se ha hecho un lío cuando el profesor le ha preguntado una banalidad, en Peris - se ha fijado en el nombre porque dicen que es hijo de un pescado gordo - la chica de rojo que se le ha sentado al lado. A la cabeza de unos días, ya sabe el nombre de la chica, Alicia Ramis (a sus efectos, esto es la clave primaria) y sabe también que en Peris y el chico que se va a buscar son el mismo: el número de sus registros ha disminuido en Uno

Por este motivo los sistemas informáticos permiten formalizar la condición de clave primaria o no formalizarla; hay que tener siempre muy presente la distinción. Si provisionalmente nos hay que dejar en blanco el campo de la clave primaria, momentáneamente tendremos que crear una tabla sin formalizar la condición de clave primaria del campo correspondiente. Es muy importante no prolongar mucho esta situación, porque mientras tanto el sistema informático no nos prevendrá del riesgo de dejar el campo vacío ni nos facilitará ningún filtro que evite la indeseada entrada de duplicados.

Sin embargo, hay que tener presente que ningún sistema informático no nos impedirá de entrar duplicados si no somos bastante rigurosos en las denominaciones del términos.

Al fin y al cabo puede suceder que en Toni y Antonio sean la misma persona.

Clave primaria lógica y operativa

Muy a menudo se usan códigos como claves primarias. Estos códigos sólo son en realidad una clave primaria operativa; la verdadera clave primaria, la de tipo lógico, es otra.

Podemos numerar los modelos de una marca de coches y usar el código numérico en vez del nombre del modelo. La clave primaria desde el punto de vista lógico es el nombre del **modelo**, la operativa, el **código**.

Cuando un código tiene una oficialidad y una alta difusión social - por ejemplo el número del **DNI** - su uso es a la vez una ventaja de tipo operativo y de tipo lógico. Pero otro tipo de códigos - número de cliente, número de pieza, número de alumno - pueden tener ventajas operativas pero inconvenientes de tipo lógico. Al fin y al cabo aquello que nos interesa no es la integridad de entidad del código como tal código, sino la de los clientes, de las piezas o los alumnos.

En el caso extremo recurrimos a números internos exclusivos de la tabla (por ejemplo, un código autonumérico). Es evidente que su utilidad operativa es óptima, pero las garantías de integridad de entidad real, nulas.

No hay pues recetas infalibles, y haremos muy bien de reflexionar a fondo sobre que nos asegura tal o tal decisión y qué medidas tomamos para minimizar las posibilidades de error en aquello que no queda asegurado.

Claves primarias compuestas

También es posible de establecer como clave primaria no un campo, sino un conjunto de campos (por ejemplo, nombre, primer apellido y segundo apellido). Si la clave primaria es un conjunto de campos, la definición del elemento y por lo tanto la condición de no repetición se entiende tendido al conjunto de los campos que componen la clave primaria; es decir, a la tabla se pueden repetir los valores individuales de los campos, pero no las combinaciones de estos. Si la clave primaria es formada de dos o más campos, no se puede dejar en blanca cabeza.

Antes de decidir el establecimiento de una clave primaria compuesta, es imprescindible asegurarse que los valores de los campos que lo tienen que componer son mutuamente independientes.

El ejemplo típico de clave primaria compuesta es la formada, en una tabla de datos personales, por el nombre, el primer apellido y el segundo apellido (Aunque en conjuntos muy amplios es probable que haya alguna repetición y por lo tanto haya que complementarla de alguna manera).

En estos casos es casi obligado el uso de una clave primaria formal constituida por un código.

Medidas de precaución

Siempre que se plantee la dualidad entre una clave primaria lógica y una de operativa, es imprescindible de asegurar la integridad de entidad de la primera de una manera indirecta. Por ejemplo, en **Acces** pueden usarse los recursos siguientes:

1.   Si la clave primaria de tipo lógico es constituida por un solo campo, basta de usar la opción **campo indexado sin duplicados**. Esto nos impedirá la entrada de duplicados.
2.   Más complicado es el caso en que un código representa una clave primaria compuesta de varios campos. Hay que construir una consulta de búsqueda de duplicados sobre el conjunto de los campos que constituyen la clave primaria lógica. Esto, pero, es sólo una comprobación a posteriori, que no nos evita la entrada de duplicados; hace falta, pues, adoptar una rutina de aplicación a intervalos regulares de tiempos.

Integridad de dominio

Los valores que entran a formar parte de una columna quedan incluidos dentro de un conjunto previamente aceptado. Por ejemplo, una columna que recoja el año de nacimiento de una persona tiene que contener un número. La condición de integridad de dominio adquiere una importancia relevante a la hora de establecer relaciones.

Los sistemas informáticos proveen un conjunto de recursos limitados para imponer que un campo sea numérico, autonumérico, de fecha y hora, de texto, de contenido lógico (sí / no)... Y permiten además determinadas condiciones de rango (por ejemplo, evitar que en un determinado campo entren números negativos).

Condiciones de normalidad

Las tres condiciones de normalidad

Un golpe aseguradas las condiciones expuestas en el capítulo anterior, hay que añadir tres más, que son las condiciones de normalidad. En realidad, de condiciones de normalidad hay más, pero para la mayoría de las aplicaciones es suficiente respetar tres, que se conocen simplemente como primeros, segundos y terceros.

Cada condición presupone implícitamente el cumplimiento del anterior.

Normalizar una tabla quiere decir diseñarla (o, si es el caso, rediseñarla) de forma que cumpla las condiciones de normalidad. Esto puede implicar la creación de nuevas Tablas y el establecimiento de relaciones entre estas. De momento veremos las condiciones de normalidad; más adelante nos ocuparemos de las relaciones entre Tablas.

Primera condición de normalidad

Una tabla cumple la primera condición de normalidad si ningún campo de ningún registro no puede contener más de un valor.

Se excluye pues tanto la posibilidad de introducir más de un valor en un campo de un registro como de repetir en la tabla campos conceptualmente equivalentes *(ej. Autor1, Autor2,...)*, cosa que sería el mismo.

Suponemos que una tabla tiene que recoger los datos sobre la ocupación de las aulas en una universidad. Establecemos una tabla con los campos siguientes:

- Día de la semana
- Hora
- Número del aula
- Asignatura
- Profesor
- Capacidad del aula
- Nombres de los alumnos previstos

(Para simplificar, consideramos que si dos o más profesores explican una misma materia, las consideraremos como asignaturas diferentes).

Establecemos que el conjunto **Día - Hora - Número del aula** constituye la clave primaria de esta tabla.

Inmediatamente vemos que hay un campo que forzosamente tendrá valores múltiples: en un aula determinada, en un día y una hora determinados habrá varios alumnos; a su vez, cada alumno aparecería en más de un aula y en más de una hora. Y preguntémonos:

- ¿Cómo recuperaríamos los datos referidos a un solo alumno?
- ¿Cómo ordenaríamos los alumnos por orden alfabético?

La reposta a estas preguntas nos justifica la exigencia de la primera condición de normalidad. Nos hay que prescindir pues del campo

- Nombre de los alumnos previstos

Y organizar de alguna otra manera todo el que haga referencia a alumnas.

Hay que tener claro que la decisión sobre si dos campos son conceptualmente equivalentes o no es una cosa que tenemos que definir según cual sea la finalidad de la tabla. Así, podemos acordar, en la mayoría de los casos, en una tabla que recoja datos personales **Primero apellido** y Segundo **apellido** serán dos atributos diferentes, puesto que en su uso habitual no son intercambiables. Pero en un estudio sobre migraciones podemos acordar que se trata de un mismo atributo que tiene dos valores en cada persona. El tratamiento en un caso y en el otro será, pues, diferente.

Segunda condición de normalidad

La segunda condición de normalidad se aplica a las Tablas con una clave primaria compuesta de dos o más campos:

Una tabla cumple la segunda condición de normalidad si, además de cumplir la primera, los valores de los campos que no forman parte de la clave primaria no dependen sólo de una sola parte de esta.

El resultado de la simplificación de la tabla del apartado anterior nos da:

- Día de la semana
- Hora
- Número del aula
- Asignatura
- Profesor
- Capacidad del aula

Pero démonos cuenta que la capacidad del aula es una propiedad de cada aula, es decir, en esta tabla, del número de aula, sea cual sea la hora y sea qué sea el día de la semana. Nos encontramos pues que un campo, capacidad del aula, depende de un fragmento de la clave primaria.

¿Formulémonos ahora la pregunta: Cuántas veces tendríamos que entrar en la tabla las parejas de datos formados por los números de aula y las respectivas capacidades?

La respuesta a esta pregunta justifica la exigencia de la segunda condición de normalidad. Tenemos que prescindir pues del campo

- Capacidad del aula

Y organizar de alguna otra manera todo el que haga referencia a características de las aulas.

Tercera condición de normalidad

Una tabla cumple la tercera condición de normalidad si, además de cumplir la segunda, no hay dependencias mutuas entre los campos que no forman parte de la clave principal.

El resultado de la simplificación de la tabla del apartado anterior nos da:

- Día de la semana
- Hora
- Número del aula
- Asignatura
- Profesor

Pero conociendo la asignatura conocemos el profesor; por lo tanto un campo no clave depende de otro campo no clave.

Preguntémonos: ¿Cuántas veces tendríamos que entrar el nombre de cada profesor emparejado con el nombre de la asignatura correspondiente?

La respuesta a esta pregunta nos justifica la necesidad de respetar la tercera condición de normalidad. Nos hace falta pues prescindir del campo

- Profesor

Y nos queda el diseño definitivo:

- Día de la semana
- Hora
- Número del aula
- Asignatura

Campos calculados

Las condiciones de normalidad segunda y tercera excluyen la existencia en una tabla de campos calculados a partir de los datos de dos o más otros campos.

En una tabla que recoge nombres de comarcas, y la superficie y la población de cada una, sería absurdo introducir un nuevo campo con la densidad de población, cosa que nos obligaría a rehacer los cálculos fuera de la base de datos para entrar la nueva densidad de

población cada vez que modificáramos los datos referidos a la
población: sería poco eficiente y a la vez una fuente probabilísima
de errores. Si nos hace falta la densidad de población, ya la
calcularemos al explotar los datos de la tabla.

Excepciones

A veces no es conveniente traer hasta el extremo el criterio de
normalización. Hay que valorar en cada caso la proporción entre el
esfuerzo que esto exige y la mejora de resultados que esperamos.
Ni hay que decir que cualquier excepción permitida tiene que
formalizarse rigurosamente, y que hay que tomar las medidas
precautorias para evitar la obtención de resultados indeseados.

Suponemos que hacemos una pequeña base de datos para
recoger los datos de nuestras relaciones personales: familiares,
amigos, compañeros, etc. Y ahora empezamos a distinguir: marido,
mujer e hijos; primera residencia y segunda residencia, y dirección
laboral; teléfono de casa, teléfono del trabajo y teléfono móvil.
Traer a las últimas consecuencias el proceso de normalización que
exige el cruce riguroso de todas estas variables, nos puede traer a
una enorme cantidad de Tablas necesarias, absolutamente
desproporcionada para una base de datos que quizás sólo tendrá un
centenar de registros.

Relaciones entre Tablas

Los tres tipos de relaciones

Entre dos Tablas pueden establecerse tres tipos de relaciones de
carácter lógico, que se conocen con las denominaciones

- Relación **1:1**

- Relación **1:N** (uno a varios)
- Relación **M:N** (varios a varios)

En los dos primeros tipos la relación se establece en base a las coincidencias de valores entre dos campos homólogos de dos Tablas. En el tercer tipo no hay campos homólogos ni, por lo tanto, se buscan coincidencias.

Coincidencias de valores

Podemos asociar los registros de una tabla con los registros de otra tabla en base a la coincidencia de los valores de uno de los campos de cada una. Para que esta coincidencia tenga ningún sentido, hace falta que los dos campos pertenezcan al mismo dominio.

Suponemos que tenemos una tabla llamada **Objetos** en qué uno de los campos es **Color**, y otra tabla llamada **Personas** en qué uno de los campos es **Nombre**. ¿Qué sentido tendría emparejar registros en base a la coincidencia de Color con **Nombre**, que nos emparejaría una persona llamada **Rosa** con un objeto de color de rosa? Probablemente no tendría ningún sentido.

Los sistemas informáticos tienen una capacidad muy limitada para detectar este tipo de anomalías. Y en cambio serían incapaces de emparejar campos de contenido numérico si, por un raro capricho, en uno de los dos hubiéramos decidido de escribir **veintitrés** o setenta **y siete** en vez de 23 o 77.

Hace falta pues pensar muy bien el diseño - tanto el lógico como el formal - de las Tablas sobre las cuales después se tengan que buscar coincidencias.

Formalización de las relaciones

No basta de hacer un diseño de las Tablas pensado para un determinado tipo de relaciones; sino que hace falta además formalizarlas.

A Access esto se hace en dos etapas: en la primera se formaliza la coincidencia entre dos campos de dos Tablas. Si emparejamos dos campos clave, nos indicará que se trata de una relación **1:1**; si emparejamos un campo clave con uno que no lo es nos dirá que la relación es **1:N**.

Si ninguno de los dos campos no es clave, **Access** nos dirá que la relación es indeterminada; no que es de varios a diversos. Estamos formalizando una relación en base a las coincidencias entre los valores en dos campos, y la relación de varios a varios no se basa en las coincidencias.

La segunda etapa consiste a exigir la integridad referencial, a la cual nos referiremos más adelante.

El **Access** diferencia gráficamente las dos fases; la primera con un trazo sin indicaciones de relación; hecha la segunda, el trazo adquiere unas terminaciones más gruesas y que llevan la indicación **1** o el símbolo de infinito (equivalente, a estos efectos, a N).

El **Access** también permite realizar consultas con criterios diferentes de los establecidos en el menú de relaciones. En principio las consultas recogen aquello que se haya establecido, pero se pueden modificar cuando surja una necesidad especial.

Relaciones de uno a varios

Definición

Una relación de uno a varios (1:N) es aquella que se establece tomando como base la igualdad entre los valores de dos campos de dos Tablas, si uno es clave primaria en su tabla y el otro no lo es en la suya.

Esta es la relación por excelencia de las bases de datos relacionales.

Una empresa tiene tres plantas de fabricación a tres poblaciones diferentes, en cada una de las cuales hay una línea diferente de productos. Para representar los datos relevantes establecemos dos Tablas, llamadas Plantas y Productos.

En la primera recogemos los datos referidos a las plantas de fabricación:

- Código de Planta (clave primaria)
- Población
- Director técnico
- Potencia instalada
- Número de trabajadores
- ...

En la segunda recogemos los datos específicos de cada producto. Y como un dato más de esta segunda tabla, indicamos el código de la planta en que se fabrica el producto:

- Código de producto (clave primaria)
- Denominación comercial
- Calidad
- ...
- Código de planta

Podemos observar que hay un campo común, **Código de Planta**, que es clave primaria en una tabla y no lo es en otra. Esto es así porque cada planta fabrica varios productos, pero cada producto se fabrica en una sola planta: la relación es **1:N**.

Claves secundarias y Tablas secundarias

Un campo vinculado a una clave primaria de otra tabla se denomina clave **secundaria**, **exterior** o forastera de su tabla.

La tabla que posee la clave primaria es la tabla principal, y la otra la secundaria.

Así, en el ejemplo anterior, **Código de Planta** es una clave exterior en la tabla **Productos**. La tabla **Plantas** es la tabla primaria, y la tabla **Productos** la tabla secundaria.

La condición de tabla primaria o secundaria no es pues una calidad de la tabla como tal, sino de la relación: una tabla puede ser primará en una relación y secundaria en otra.

Suponemos una base de datos urbanísticos en que la unidad es la Finca , y construimos una tabla **de Fincas** con los datos propios de estas, como por ejemplo la Calificación **urbanística**. Cada **Finca** pertenece a un **solo Municipio**; establecemos una tabla **de Municipios**, donde recogemos datos específicos de estos, como por ejemplo si tienen la calificación legal de Municipio **de Montaña**. Y, finalmente, cada **Municipio** pertenece en una **Comarca**; establecemos una tabla **de Comarcas**, donde recogemos datos correspondientes a estas. Para hacer posibles las relaciones, a Municipios hay **Comarca** como clave secundaria y a Fincas hay **Municipios** como clave secundaria.

La tabla **Municipios** es secundaria en relación en **Comarcas**, puesto que contiene un campo - **Comarca** - que es clave en esta última. Y a la vez la tabla **Municipios** es principal en relación a Fincas, puesto que esta contiene una clave secundaria que es **Municipio**, clave principal de Municipios .

Integridad referencial

La integridad referencial es una condición de tipo lógico, que hace imposible que en una clave secundaria aparezca un valor que no tenga su equivalente en la clave primaria de la tabla principal.

Qué pasaría si, en el ejemplo anterior, entre el municipio de **Alcorcón** y a la tabla **de Comarcas** no hubiera el registro correspondiente al **Vallecas**?

Por motivos de tipo práctico, los sistemas informáticos suelen permitir de elegir entre exigir o no la integridad referencial. A Access esto constituye la segunda fase del establecimiento de las relaciones. Hay que tener presente que sólo si exigimos la integridad referencial podemos hablar de verdaderas relaciones; de lo contrario nos encontramos ante simples criterios de coincidencia.

Del mismo modo que la carencia de exigencia de la integridad de entidad tiene que ser una situación provisional, también tiene que ser provisional la carencia de exigencia de integridad referencial.

Claves primarias múltiples y la relación 1:N

El **Acces** no posee ningún mecanismo que permita al conjunto de una clave primaria compuesta constituirse en bloque como el lado **1** de una relación **1:N**. Hay que recorrer pues obligatoriamente a un código, y tomar las precauciones indicadas.

Relaciones de uno a Uno

Definición

Una relación de uno a uno (1:1) es aquella que se establece tomando como base la igualdad entre los valores de las claves primarias de dos Tablas.

En este caso nos encontramos ante una serie de elementos de los cuales recogemos una serie de atributos en una tabla y otra serie de atributos en otra. No se trata nunca de una necesidad de tipo lógico, sino puramente instrumental, debida a alguna de las causas siguientes:

- los atributos contenidos en una tabla son de naturaleza muy diferente a la de los contenidos en la otra.
- queremos establecer varios niveles de acceso a la información (por ejemplo, una tabla con las señas personales y de una póliza de seguros y otra de diferente con los datos médicos confidenciales).
- recogemos los datos de dos fuentes de información diversas, y las refundiremos llegado el momento.
- hay tantos campos que ultrapasan la capacidad del programa informático.
- etc.

El trabajo típico con las Tablas relacionadas uno a uno es la presentación conjunta de datos de una o de más registros homólogos asociando los datos repartidos entre las dos Tablas. En realidad esto equivale a hacer de las dos Tablas una de suela.

Aplicación de las condiciones de normalidad

A todos los efectos dos Tablas con una relación **1:1** se tienen que considerar como dos fragmentos de una única tabla, y en consecuencia las tres condiciones de normalidad se tienen que aplicar no solamente a cada una por separado, sino también al conjunto.

En una escuela llevan dos registros de los alumnos: uno con los datos personales y otro con los datos como alumno. A la primera tabla hay un campo con **la Fecha de nacimiento**; a la segunda, un campo con **la Fecha de acceso a la escuela** y otro con la **Edad al acceder en la escuela**. Cada una de las dos Tablas, tomadas individualmente, cumple la tercera condición de normalidad. Pero presas en conjunto, es evidente que **Edad al acceder en la escuela** es un campo calculable a partir de Fecha **de nacimiento** y Fecha **de acceso a la escuela**. El conjunto, pues, viola la tercera condición de normalidad.

Integridad referencial en las Tablas relacionadas 1:1

Si las dos Tablas recogen datos sobre los mismos elementos, ya se entiende la necesidad lógica que las dos Tablas tengan el mismo número de registros con los mismos valores en las respectivas claves primarias, es decir, integridad referencial.

La posibilidad de convertir esta necesidad lógica en una condición operativa insoslayable o al menos fácilmente controlable varía según qué sea el programa informático empleado. **Access**, por ejemplo, facilita una versión imperfecta de la integridad referencial: un golpe se ha entrado el primer registro en una de las Tablas, en la segunda sólo se podrán añadir de coincidentes; pero en la primera podrán continuar añadiéndose de nuevos aunque no se incluyan en la segunda.

Relaciones de varios a varios

Definición

Esta relación es radicalmente diferente de las dos anteriores, puesto que no se hace en base a la existencia de campos en común; es, en cambio, una asociación de registros de una tabla con los de otra en virtud de algún hecho que incluya algunas de las parejas posible y excluya otros.

Una relación de varios a varios (N:M) es aquella que se establece entre dos Tablas las claves primarias de las cuales pertenecen a dominios diferentes y entre las cuales se puede establecer algún criterio de inclusión o exclusión de los relaciones posibles.

Producto cartesiano

Dados dos conjuntos, se denomina producto cartesiano de estos el conjunto de todas las relaciones posibles entre los elementos del primer conjunto y los elementos del segundo conjunto.

Si estos conjuntos son dos Tablas, las relaciones hacen referencia a los registros de estas.

Un grupo de chicos **G1={A, B, C, D}** ha ido a bailar con un grupo de chicas **G2={P, Q, R}**. El producto cartesiano comprende todas las parejas de baile posibles, que serán las formadas por los relaciones de los elementos de G1 con los de G2:

```
AP   AQ   AR
BP   BQ   BR
CP   CQ   CR
DP   DQ   Dr
```

En **Access** podemos obtener el producto cartesiano de dos Tablas haciendo una consulta conjunta sobre las dos prescindiendo en la consulta de cualquier relación que pueda haberse establecido entre las Tablas.

Subconjuntos del producto cartesiano

Un determinado criterio puede establecer la inclusión o la exclusión de los relaciones en un subconjunto.

En el ejemplo anterior, suponemos que algunas de las parejas de baile posibles no se han llegado a producir. Digamos que **A no** ha bailado con **Q** ni con **R**, y que **B** no ha bailado con P. Las parejas realmente formadas son pues:

{AP, BQ, BR, CP, CQ, CR, DP, DQ, Dr}

Otro ejemplo: tenemos una base de datos con una tabla con datos de películas y otra con datos de actores. Se evidente que no todos los actores han participado en todas las películas; por lo tanto, el producto cartesiano no nos sirve. La mayoría de los actores han participado en más de una película, y la mayoría de las películas tienen más de un actor; por lo tanto no podemos establecer relaciones **1:N**. La relación es claramente **N:M** y habrá pues unos relaciones actor/película válidos y otras que no lo serán.

Tablas de unión

Una tabla de unión es una tabla que nos indica la inclusión de las relaciones reales entre los registros de dos Tablas **N:M**. Estas Tablas de unión se relacionan con las otras dos según sendas relaciones **1:N**.

En el primero de los ejemplos anteriores estableceríamos una tabla llamada **Parejas de Baile**, en que se recogerían sólo las que realmente se han producido. En el segundo ejemplo habría una tabla llamada **Interpretaciones**, en que se emparejarían, con un criterio análogo, películas con actores.

Con objeto de asegurar que cada relación se introduce una sola vez, es conveniente - no obligatorio - de establecer como clave primaria de la tabla de unión el conjunto formado por los dos campos que entran a formar parte de las dos relaciones **1:N**.

Atributos propios en una tabla de unión

Los relaciones que se producen en una tabla de unión constituyen una nueva serie de elementos, a menudo bastante abstractos, pero que pueden poseer atributos propios.

En la tabla **de Parejas de Baile** podríamos crear un campo que recogiera el número de bailes de la pareja. En la tabla **Interpretaciones** podríamos recoger el número de Oscars obtenidos por cada actor o actriz por aquella película determinada.

Démonos cuenta que estos atributos no son propios de los registros de cabeza de las Tablas iniciales, sino de los relaciones como tales y, por lo tanto, de los registros de la tabla de unión.

Bases de datos MySQL: Introducción

MySQL es un sistema de gestión de bases de datos (SGBD), que utiliza el lenguaje SQL (Lenguaje de Consulta Estruturada, del inglés Structured Query Language) como interfaz. Actualmente es una de las bases de datos más populares, con más de 15 millones de instalaciones en el mundo.

Entre los usuarios de la base de datos MySQL están: NASA, Friendster, Banco Bradesco, Dataprev, HP, Nokia, Sony, Lufthansa, U.S. Army, U.S. Federal Reserve Bank, Associated Press, Alcatel, Slashdot, Cisco Systems y Google entre otros.

MySQL fue creado en Suecia por dos suecos y un finlandés: David Axmark, Allan Larsson y Michael "Monty" Widenius, que han trabajado juntos desde la década de 1980. Hoy su desarrollo y mantenimiento emplean aproximadamente a 400 profesionales en el mundo entero, y más de mil contribuyen probando el software, integrándolo en otros productos, y escribiendo acerca de este.

El 16 de enero de 2008, MySQL AB, desarrolladora de MySQL fue adquirida por Sun Microsystems, por 1 billón de dólares americanos, un precio jamás visto en el sector de las licencias libres. El 20 de abril de 2009, se anunció que Oracle compraba a Sun Microsystems y todos sus productos, incluyendo MySQL. Después de investigaciones de la Comisión Europea sobre esta adquisición para evitar la formación de monopolios en el mercado, la compraventa fue autorizada y hoy Sun forma parte de Oracle.

El éxito de MySQL se debe en gran medida a la fácil integración con PHP incluido, casi que obligatoriamente, en los paquetes de hospedaje de webs de Internet que se ofrecen actualmente. Empresas como Yahoo! Finance, Mp3.com, Motorola, NASA, Silicon Graphics y Tejas Instruments usan MySQL en aplicaciones de misión crítica. La Wikipedia es un buen ejemplo de utilización de MySQL en webs de gran audiencia.

MySQL soporta Unicode, Full Text Indexes, replicación, Hot Backup, GIS, OLAP y muchos otros recursos de bases de datos.

Sus principales características son:

- Portabilidad (soportada prácticamente en cualquier plataforma actual)
- Compatibilidad (existen drivers ODBC, JDBC y .NET y módulos de interfaz para diversos lenguajes de programación, como Delphi, Java, C/C++, C#, Visual Basic, Python, Perl, PHP, ASP y Ruby)
- Excelente performace y estabilidad
- Poco exigente en cuanto a recursos de hardware
- Facilidad de uso
- Es un Software Libre en base a la GPL (sin embargo, si el programa al que accede Mysql no es GPL, deberá adquirir la licencia comercial correspondiente)
- Contempla la utilización de varios Storage Engines como MyISAM, InnoDB, Falcon, BDB, Archive, Federated, CSV, Solid...
- Soporta el control transacional
- Soporta los Triggers (desencadenantes)
- Soporta los Cursores (Non-Scrollable y Non-Updatable)
- Soporta los Procedimientos Almacenados y las Funciones
- Replicación fácilmente configurable
- Interfaces gráficas (MySQL Toolkit) de fácil utilización cedidos por la MySQL Inc.

Tablas, registros y campos

Una tabla es un conjunto estructurado de datos. Para la estructuración de los datos hay que establecer mentalmente un conjunto de **entidades**. Una entidad puede ser cualquier cosa:

personas, países, sustancias, conceptos, colores, etc. (y en el caso del uso conjunto del **PHP** y el **MySQL**, los datos pueden ser, además de textos y números, cualquier elemento que se tenga que usar en un documento **PHP**: referencias a imágenes, a otros ficheros, etiquetas de **HTML**, especificaciones **CSS**, etc.)

Una tabla recoge una serie más o menos grande de **atributos** de cada entidad. Por ejemplo, si hacemos una tabla con los datos de los alumnos de una escuela, cada alumno es una entidad, y para cada entidad recogemos un conjunto fijo de atributos: nombre, DNI, año de nacimiento, año de incorporación a la escuela, curso, dirección, teléfono...

En una tabla acostumbramos a distinguir **registros** - cada entidad constituye un registro - y campos - cada atributo es un campo. Gráficamente se acostumbra a representar cada registro en una **fila** y cada atributo en una **columna**.

Sin entrar en disquisiciones teóricas, y desde un punto de vista puramente operativo, podemos decir que los términos **entidad**, **registro** y fila son equivalentes, y que también son equivalentes **atributo**, **campo** y columna.

Bases de datos

Una base de datos es un conjunto formado por varias Tablas con alguna afinidad temática. Continuando con el ejemplo de la escuela, podemos construir una tabla para los alumnos, otra para los profesores, otra con aulas y horas, etc.

Cuando coexisten dos o más Tablas, es muy importante que se pueda hacer un uso conjunto coherente y simple. Las bases de datos orientadas a este uso conjunto se denominan **bases de datos relacionales**.

Las Tablas y las bases de datos - y en especial las bases de datos relacionales - tienen que cumplir una serie de requisitos; por ejemplo:

- En una tabla muy hecha el valor de un campo no puede resultar de un cálculo hecho a partir de otro campo.
- En una tabla muy hecha hay de haber al menos un campo en que un mismo valor no se puede repetir.
- Si dos Tablas se tienen que relacionar, tienen que tener un campo común (y sólo un).

Sobre todas estas cuestiones podéis consultar la introducción a las **Bases de datos Relacionales.**

MySQL

El gran potencial del **PHP** se encuentra en la capacidad de interconectarse con varios tipos de bases de datos: **MySQL, Microsoft SQL Server, Oráculo**, etc.

La más empleada en Internet es el **MySQL**. El uso del **MySQL** no es privativo del **PHP**: hay múltiples lenguajes de programación que son capaces de interactuar: **C, C++, Pascal, Delphi, Java, Perl**, etc.

En todo el que sigue nos referimos exclusivamente a la administración del **MySQL** y al uso combinado de este con el **PHP**.

Cuando se usa en aplicaciones sin finalidad de lucro, el **MySQL** es gratuito. Los **huéspedes** suelen ofrecer alojamiento con **PHP** con **MySQL** o sin, con precios diferentes.

Gestión del MySQL

La gestión del **MySQL** se puede hacer de dos maneras: mediante programas de PHP hechos por el gestor de la web o mediante herramientas de administración facilitadas por el **huésped** (que también usan el **PHP**).

El diseño de las bases de datos, la estructuración de las Tablas, y el número y los tipos de los campos son, en general, establos, y son determinados por el administrador de la web; el número de registros y los valores contenidos en estos son variables, con un cambio lento, como en el caso de una editorial que actualiza su catálogo un golpe al mes, o muy rápido, como en el caso de las intervenciones en un foro. Además, las variaciones de contenido pueden quedar restringidas a un número limitado de personas (contenido de un diario digital) o al público general (el caso mencionado del foro).

La gestión de una base de datos, tiene, pues, dos momentos en principio muy delimitados: la fase de creación y estructuración y la fase de explotación, más o menos interactiva, más o menos abierta. Esta última consiste en último término a hacer altas, bajas y modificaciones de registros y a leer los valores contenidos para alguna finalidad.

La fase de creación y estructuración se lleva a cabo preferentemente con las herramientas de administración. A pesar de que en principio el PHP es capaz de llevar a cabo estas tareas, los **huéspedes** acostumbran a exigir, por razones de seguridad, el uso del administrador que ponen a disposición del creador de la web.

La fase de explotación se lleva a cabo mediante programas **php** incluidos en documentos accesibles a un número limitado de personas autorizadas o bien al público en general, según el caso. El administrador de la web - pero sólo él -, puede, aun así, hacer todo tipo de consultas y cambios con el uso del administrador.

Creación de Bases de datos y de Tablas

Acceso a las herramientas de gestión del MySQL

Los **huéspedes** (lugares donde se hopedan las webs) acostumbran a suministrar herramientas de gestión de la web; algunas de estas herramientas hacen referencia a las bases de datos **MySQL**. Uno de los conjuntos de herramientas más difundido es el **CPanel**. Cuando se contrata un servicio de alojamiento web, el **huésped** nos informa de la manera de acceder a esta herramienta (o similar).

Dentro del **CPanel** hay unas cuántas herramientas referidas al **MySQL**, en particular lo **MySQL® Databases** y el **phpMyAdmin**. El primero sirve para crear bases de datos y usuarios, y el segundo para crear Tablas, hacer consultas, etc.

Accediendo al **MySQL® Databases** llevamos a cabo, sucesivamente, cuatro acciones:

- Hagamos el alta de una nueva base de datos (el número total de bases de datos posible depende del contrato con **el huésped**).
- Creamos un usuario (al menos). Este usuario es imprescindible tanto para acceder a los contenidos como para vincularse estos con **el PHP**. Cada usuario tiene un nombre y una contraseña.
- Vincular las BDs y los usuarios, según convenga.
- Definir los privilegios de cada usuario (por ejemplo, puede haber usuarios que sólo tengan derecho a consultar,

pero no a modificar contenidos, o a modificar contenidos pero no a crear Tablas, etc.)

Es muy importante anotar cuidadosamente los nombres de las **BD**, de los **usuarios** y de sus contraseñas y guardar-los en un lugar discreto y seguro.

Creación de Tablas

La mejor manera de crear una tabla es desde **phpMyAdmin**. A la izquierda se presenta la lista de las bases de datos existentes; hagamos clic en la que corresponda y aparece una pantalla que nos pide primero el número de campos y después las características de cada campo.

Acabada la tarea, aparece un resumen como el siguiente:

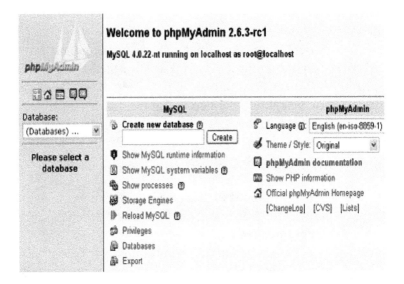

Tipo de campo y características de los campos

Hay numerosos tipos de campo, según el uso a que se destinen. Los más importantes son:

int(n)	Números enteros, con **n** dígitos como máximo
decimal(n,d)	Números decimales, con **n** dígitos como máximo, de los cuales **d** de decimales.
char(n)	Texto con **n** caracteres; si faltan, se completa la cadena con espacios en blanco.
varchar(n)	Texto libre con un máximo de **n** caracteres.
dato	Fecha
bool	Sólo los valores **1** o true y **0** o false.

Además, los campos tienen un conjunto de características; las principales son las siguientes:

- NOT NULL: el campo no puede quedar en blanco.
- AUTO _ INCREMENTO: el valor del campo numérico se incrementa en una unidad a cada nuevo registro.
- PRIMARY KEY: clave primaria (imprescindible para una base de datos relacional).

Los nombres de los campos no aceptan acentos ni diéresis, y son sensibles a mayúsculas y minúsculas.

Gestión de MySQL desde PHP

El **PHP** tiene varias funciones que permiten la gestión de bases de datos **MySQL**. Las fundamentales son:

- mysql_connect()
- mysql_close()
- mysql_select_db()
- mysql_query()
- mysql_fetch_array()

Cómo en cualquier función, los argumentos se aplican literalmente o mediante variables.

Es aconsejable usar estas funciones en un contexto de seguridad:

- $ctrl = *función*(*argumentos*)
- oro die ("*Mensaje de error*" . *mysql_error()* . *""*)

o bien

- if (*función*(*argumentos*)){
- echo "*mensaje de éxito*";
- }else{
- echo "*mensaje de error*";
- }

o análogos, según necesidad.

Conexión

El primer paso para el uso del **MySQL** conjuntamente con **el PHP** es siempre vincular el módulo **PHP** y el módulo **MySQL**:

- $cono = mysql_connect(*nombre_de_el_servidor, nombre_de_el usuario, contraseña*);

El **nombre del servidor** nos es indicado en el momento de dar de alta una base de datos MySQL; muchas veces es **localhost**. El nombre de usuario y la contraseña son los elegidos en su momento (recordamos que puede haber más de un usuario, con permisos diferentes). La variable **$cono** (de denominación libre) identifica la vinculación en las operaciones posteriores.

Desconexión

La desconexión se produce automáticamente tan pronto como se acaba la ejecución del programa. Si por algún motivo hay que acabarla antes, se usa

- mysql_close();

Selección de una base de datos

Para trabajar con una base de datos hay que seleccionarla, puesto que puede haber más de una. Esto se consigue con la función **mysql_select_db()**:

- *$treb* = mysql_select_db(*nombre,conexión*)

donde **nombre** es el nombre de la base de datos y conexión la variable creada al hacer la conexión (en nuestro ejemplo, **$cono**). La variable **$treb** (de denominación libre) sirve para identificar la base de datos en operaciones posteriores.

En todo el que sigue, salvo que digamos el contrario, hay que empezar cualquier acción o conjunto de acciones con **mysql_connect()** y mysql_select() .

Acciones sobre la base de datos

Un golpe se ha establecido una conexión y se ha seleccionado una base de datos, todas las actuaciones posteriores - búsquedas, altas, bajas, modificaciones - se hacen en el marco de la función **mysql_query()**:

- mysql_query("*instrucción*",$cono);

mysql_query usa un complejo sistema de instrucciones que se incluyen como argumento de la función.

Creación de bases de datos y de Tablas

La función **mysql_query** acepta los argumentos

- CREATE DATABASE *nombre*

con que se crea una base de datos y

- CREATE TABLE *nombre_de_la_tabla(campo_1 propiedades, campo_2 propiedades,...)*

Hay que recordar que muchos servidores prohíben, por razones de seguridad, el uso del argumento **CREATE DATABASE**, y obligan a crear las bases de datos con las herramientas de gestión propias.

Búsquedas y recuperación de valores

Operaciones básicas de búsqueda

Cuando queremos obtener datos contenidos en una tabla, hay que hacer dos operaciones sucesivas:

- Delimitar los datos que nos interesan (toda la tabla, sólo las filas que cumplen tal condición, sólo tal y tal columna, etc.). Esto se consigue con la función **mysql_query()**.
- Colocar los datos obtenidos, fila en fila, en un vector asociativo inteligible para **PHP**. Esto se consigue con la función **mysql_fetch_array()**.

De momento hay que saber que si queremos obtener **todos** los datos de la tabla, el argumento de mysql_query() es

- ("SELECT * FROM *Nombre_de_la_tabla*")

Explotación de los datos obtenidos

Se usa una combinación de la función **mysql_fetch_array()**, que lee los datos obtenidos y las coloca en un vector, y el bucle **while()**, que hace la lectura secuencial:

- $datos = mysql_query("*Instrucciones que delimiten la búsqueda*",$cono);
- while($fila = mysql_fetch_array($datos)){
- echo $riego['campo_1'];
- echo $riego['campo_2'];
- ...
- }

Las denominaciones **$datos** y $fila son arbitrarias.

El programa que acabamos de indicar presentaría secuencialmente los datos, sin distinción de filas ni de columnas, ni siquiera saltos de línea.

Pero podemos, por ejemplo, situar un **echo "<table>"** antes de la función **mysql_query()** y un **echo "</table>"** al final, iniciar cada bucle con un **echo "<tr>"** y concluirlo con un **echo "</tr>"** y rodear cada valor con **<td> ... </td>**, con lo cual obtendremos una presentación en forma de tabla. *Es el que hacemos en el ejemplo siguiente.*

También podríamos situar los datos en una estructura **<ul><le ...>**, o cualquier otra.

O podríamos, también, no presentar los datos, sino usarlas a conveniencia en otras partes del programa.

- *Tabla MySQL llamada* **célticas**, *con los campos Id, Lengua, Ámbito y Notas.*

- <?php
-
- $cono=mysql_connect("localhost","xxxxxxxxxx","xxxxxx") oro
- die("Ha fallado la conexión"); // Conexión con el espacio MySQL
- mysql_select_db("albert_curso",$cono) oro
- die("Ha fallado la elige de la base de datos"); // Elige de la Base de datos
- $datos = mysql_query("SELECT * FROM célticas") oro
- die("Problemas de lectura"); // Lectura de todos los datos
- while($fila = mysql_fetch_array($datos)){ // Datos trasladados al vector $hila

- echo "<tr>";
- echo "<td class='e'>" . $fila['Id'] . "</td>"; //
Aprovechamiento de los datos
- echo "<td class='e'>" . $fila['Lengua'] . "</td>";
- echo "<td class='e'>" . $fila['Ámbito'] . "</td>";
- echo "<td class='e'>" . $fila['Notas'] . "</td>";
- echo "</tr>";
- }
- mysql_close($cono); // Cerrar la conexión
-
- ?>

Nota: por razones obvias, el nombre de usuario y la contraseña han sido enmascarados en esta reproducción del ejemplo.

Obtención de los datos

Para la obtención de los datos hay que establecer las condiciones de la búsqueda; para lo cual se usan los argumentos de la función **mysql_query()**, que corresponden a las preguntas básicas de la búsqueda. Son los que se exponen a continuación:

SELECT	Qué campos de los registros seleccionados interesan?
FROM	A qué tabla hay los datos deseados?
WHERE	Qué registros se tienen que seleccionar? (tal campo tiene que tener tal valor)
ORDER BY	En qué orden hay que disponer los registros seleccionados?

Estas operaciones tienen el formato general

- $resultado = mysql_query("**SELECT** ... **FROM** ... [**WHERE** ... **ORDER BY** ..."**]);

SELECT y FROM son obligatorios; los otros parámetros son optativos.

SELECT ... FROM ...

El formato general es el siguiente:

- SELECT *nombre_de_campo, [nombre_de_campo, nombre_de_campo]* FROM *nombre_de_la_tabla*

Es obligatorio al menos un nombre de campo. La orden en que se indican los nombres de los campos es relevante para el resultado (y no tiene nada que ver con la orden de los campos en la tabla).

Si queremos todos los campos, podemos indicar

- SELECT * FROM *nombre_de_la_tabla*

y en este caso los campos se dan en la orden en que se encuentran dentro de la tabla.

WHERE

El formato general de WHERE es el siguiente:

- WHERE *campo operador valor*

El valor puede ser indicado literalmente o mediante una variable. En uno y otro caso hay que respetar el carácter textual o numérico del campo; en el primer caso, hay que usar las comillas, aunque esté representado por una variable.

Los operadores de WHERE son

=	Igualdad
!=	Desigualdad
>	Más grande que
<	Más pequeño que
>=	Más grande o igual que
<=	Mes pequeño o igual que
BETWEEN	Valores comprendidos entre dos extremos, incluidos estos
LIKE	Valores que contienen el patrón indicado
AND	Une dos o más condiciones concurrentes
ORO	Une dos o más condiciones alternativas
IS NOT NULL	Todos los valores no nulos

Si queremos todos los registros de la tabla, simplemente prescindimos del parámetro **WHERE**.

- *Tabla MySQL denominada **diccionario**, con los campos Id, cat y eng.*

- *Documento HTML con un formulario*

- <?php
-
- ...
-

- $termino = $_POST['cat']; // Recoge el dato enviado por el formulario
-
- ...
-
- $datos = mysql_query("SELECT Id, cat, eng FROM diccionario WHERE cat = '$termino'") oro
- die("Problemas de lectura"); // Se impone una condición de igualdad
- while($fila = mysql_fetch_array($datos)){
- echo "<p>" . $termino . ": " . $fila['eng'] . "</p>
"; // Presentación de los datos
- }
-
- ...
-
- ?>

Uso de fragmentos de cadena a WHERE.

Podemos usar fragmentos de cadena (**san, ago** o nti en lugar **de Santiago**); en este caso hay que usar el comodín **%**:

- $trozo_campo_n="%" . $_TABLE[*nombre*] . "%";
- $registros=mysql_query("select campo_1, campo_2, campo_3, campo_4 from nombre_de_tabla where campo_n LIKE '$trozo_campo_ ",$cono)
- oro die("Problemas en el select");

- *Tabla MySQL denominada **diccionario**, con los campos Id, cat y eng.*

- Documento HTML con un formulario

- `<?php`
-
- ...
-
- `$termino = $_POST['cat'] . '%';` // Recoge el dato enviado por el formulario y añade el comodín
- ...
-
- `$datos = mysql_query("SELECT Id, cat, eng FROM diccionario WHERE cat LIKE '$termino'")` oro
- `die("Problemas de lectura");` // Se impone una condición de coincidencia con el patrón
- `while($fila = mysql_fetch_array($datos)){`
- `echo "<p>" . $fila['cat'] . ": " . $fila['eng'] . "</p><br />";` // Presentación de los datos
- `}`
-
- ...
-
- `?>`

ORDER BY

Con **ORDER BY** ordenamos los registros:

- ORDER BY *nombre_de_campo*

Por ejemplo,

- SELECT Nombre, Apellidos FROM Alumnos
  WHERE Curso = 'preparatorio' ORDER BY Apellidos

Podemos ordenar de acuerdo con dos o más campos; en este caso los nombres de los campos se separan con comas.

Si se añade al final el modificador **DESC**, la ordenación será inversa.

- *Tabla MySQL denominada* **pinos**.

- `<?php`
-
- ...
-
- `$datos = mysql_query("SELECT Id, Nombre FROM pinos ORDER BY Nombre") oro`
- `die("Problemas de lectura");` // Selecciona el identificador y el nombre a todos los registros, y los ordena alfabéticamente
- `while($fila = mysql_fetch_array($datos)){`
- `echo "<a href='23c.php?id=" . $fila['Id'] . "' >" . $fila['Nombre'] . "</a br></>";` // Presenta los datos en forma de enlaces, con *Id* a punto para ser enviados vía GET.
- `}`
- `mysql_close($cono);` // Cerrar la conexión
-
- `?>`

- `<?php`
-
- ...
-

- $datos = mysql_query("SELECT Id, Nombre, NC, Ámbito FROM pinos WHERE id = $n") oro
- die("Problemas de lectura"); // Busca sólo un registro, el identificado por el valor de **id**
- while($fila = mysql_fetch_array($datos)){
- echo "\<h3>" . $fila['Nombre'] . " \<me>(" . $fila['NC'] . ")\</me>\</h3>"; // Presentación de los campos **Nombre** y NC.
- echo "\<p>" . $fila['Ámbito'] . "\</p>"; // Presentación del campo **Ámbito**
- }
- mysql_close($cono);
-
- ?>

Manejo de Registros

Contar el número de registros

A menudo hay que saber el número de registros de una tabla, sin necesidad de presentarlos exhaustivamente. Esto se hace con **COUNT(*)**:

- $riegos = mysql_query("SELECT COUNT(*) as cantidad FROM *tabla*",$cono) oro
- die("Problemas de lectura");
- $riego = mysql_fetch_array($riegos);
- echo $riego['cantidad'];

Hay que notar que

- La variable *cantidad* recoge el valor del contaje.

- En este caso no hay que incluir **mysql_fetxch_array()** en **un while()** porque la respuesta tiene forzosamente un solo elemento.

- *Tabla MySQL denominada* **socios**, *con los campos Id, Nombre, Apellidos, Teléfono y Correo.*

- ...
- $riegos = mysql_query("SELECT COUNT(*) as cantidad FROM socios",$cono) oro
- die("Problemas de lectura"); // Hagamos el recuento de registros de la tabla *socios*
- $riego=mysql_fetch_array($riegos);
- echo "<p>La tabla tiene " . $riego['cantidad'] . " registros.</p>"; // Hagamos constar el resultado
- ...

Podemos contar el número de registros que cumplen una determinada condición combinando **COUNT(*)** y WHERE.

Contar grupos de registros

Podemos contar el número de registros agrupándolos en grupos que comparten el valor de un campo; esto se consigue con el uso conjunto de COUNT(*) y GROUP **BY**:

- $riegos = mysql_query("SELECT *campo*, COUNT(*) as cantidad FROM *tabla* GROUP BY *campo*",$cono)

Hay que notar que

- La variable *cantidad* recoge el valor del contaje, como en el caso anterior.
- A los efectos del SELECT, *campo* y COUNT(*) son como dos campos, y se tienen que separar con una coma.
- Cómo que cada grupo constituirá un elemento diferente, en este caso sí que hay que incluir **mysql_fetxch_array()** en **un while()**, como se ve en el ejemplo siguiente.

- *Tabla MySQL denominada* **socios**, *con los campos Id, Nombre, Apellidos, Teléfono y Correo.*

- $riegos = mysql_query("SELECT Apellidos, COUNT(*) as cantidad FROM socios GROUP BY Apellidos",$cono) oro
- die("Problemas de lectura"); // Agrupamos por apellido y contamos los registros de cada grupo
- while($riego = mysql_fetch_array($riegos)){
- echo $riego['Apellidos'] . ": " . $riego['cantidad'] . "<br />"; // Hagamos constar el resultado
- }

Limitar el número de registros presentados

Si el conjunto formado al hacer una búsqueda es muy grande, se puede subdividir en bloques de registros. Basta de añadir el controlador **LIMIT**

- $resultado = mysql_query("SELECT ... LIMIT *registro_inicial,número_de_registros*")

Hay que advertir que la numeración de los registros empieza por **0**.

- *Tabla MySQL denominada* **socios**, *con los campos Id, Nombre, Apellidos, Teléfono y Correo.*

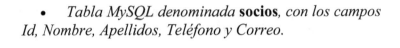

- *Documento HTML dotado de un formulario en que se pide el registro inicial y el número de registros deseados.*

- $inicial = $_TABLE['ini'] - 1; // Recepción de la especificación del registro inicial
- $cuántos = $_TABLE['num']; // Recepción de la especificación del número de registros por bloque
- ...
- $datos = mysql_query("SELECT * FROM socios ORDER BY Apellidos LIMIT $inicial, $cuántos") oro
- die("Problemas de lectura"); // Búsqueda según los parámetros especificados
- while($fila = mysql_fetch_array($datos)){
- echo "<tr>";
- echo "<td class='e'>" . $fila['Id'] . "</td>"; // Presentación de los datos
- echo "<td class='e'>" . $fila['Nombre'] . "</td>";
- echo "<td class='e'>" . $fila['Apellidos'] . "</td>";
- echo "<td class='e'>" . $fila['Teléfono'] . "</td>";
- echo "<td class='e'>" . $fila['Corred'] . "</td>";
- echo "</tr>";
- }

Muchas veces el número de registros por bloque queda fijado en el programa, y accedemos a cada bloque mediante unos enlaces numerados que se presentan en todo momento. El procedimiento es bastante sencillo: primero determinamos el número de registros; después, el número de bloques que corresponden, y, finalmente, creamos tantos enlaces numerados cómo hagan falta: cada enlace numerado recarga el documento PHP con la indicación del número de registro inicial.

Altas de registros

Añadir registros

Los registros se añaden con la instrucción

- mysql_query("**INSERT INTO** *nombre_de_tabla* (*Camp_1*, *Camp_2*...) **VALUES** ('*valor_textual* ', *valor_numérico*, ...)",$cono);

Podemos omitir los nombres de los campos; en este caso los valores se adjudicarán ordenadamente a los varios campos que haya en el registro.

Los campos autonumérico se tienen que omitir siempre, tanto en la enumeración de **INTO** cómo en la de VALUES; el valor está asignado automáticamente.

Los valores especificados a VALUES tienen que ir entre comillas simples si son de texto, y sin comillas si son numéricos, tanto si son indicados directamente como si lo son mediante variables.

Valores de un formulario

Muy a menudo los datos almacenados en una base de datos proceden de formularios llenados por el usuario final (foros, listas de distribución, etc.); es posible usar todo tipo de campos de formulario, incluidos los **hidden**. Los datos enviados son, como siempre, recibimientos mediante **$_TABLE['*nombre_de el_campo*']** o análogos.

Muy a menudo estos datos procedentes del formulario son sometidos a manipulaciones o cálculos previos a la inclusión en la tabla.

- *Tabla MySQL denominada* **socios**, *con los campos Id, Nombre, Apellidos, Teléfono y Correo.*

- *Documento HTML dotado de un formulario en que se piden los datos de un nuevo registro.*

- ...
- $nombre = $_POST['nombre']; // Recepción de los datos
- $apellido = $_POST['cgn'];
- $teléfono = $_POST['tel'];
- $corred = $_TABLE['cielo'];
- ...
- mysql_query("INSERT INTO socios(Nombre, Apellidos, Teléfono, Correo) VALUES ('$nombre', '$apellido', '$teléfono', '$correo')") oro
- die("Problemas en el insert"); // Incorporación del nuevo registro a la tabla
- ...

Nota: Atendida la finalidad didáctica de este ejemplo, el último documento PHP contiene un programa que presenta la tabla modificada y, además, un programa final, que restaura el contenido inicial de la tabla. No es posible, pues, de actuar reiteradamente.

Guardando adecuadamente el programa, son posibles disposiciones más prácticas:

- Que cada vez que incorporamos un registro, el documento que contiene el formulario se recargue automáticamente, de forma que podemos hacer incorporaciones sucesivas.
- Que un mismo documento contenga dos o más formularios, que se cargan uno tras otro al dar el visto bueno.

Transferencia de datos de un fichero

El responsable de una web a menudo tiene que hacer incorporaciones masivas de datos en una tabla. Se pueden hacer programas que combinen la carga de un fichero de texto externo, la lectura de este línea a línea y la inserción de los datos en una tabla **MySQL**.

- *Tabla MySQL denominada **varios**, con los campos A, B y C, inicialmente en blanco.*

- *Fichero de texto que el usuario tiene que preparar en su ordenador, con objeto de incorporarlo a la base de datos. En este ejemplo este fichero tiene que cumplir los requisitos siguientes:*
  1. Cada registro tiene que tener tres campos (nada más y nada menos).

2. El separador de los campos tiene que ser precisamente el signo ¬.

3. Si un campo contiene un apóstrofo, hay que anteponer el signo \ (ej. **El árbol**). No se ha previsto hacerlo automáticamente. Si falla este requisito, la carga en la base de datos dará error.

- *Documento HTML dotado de un formulario para buscar y enviar el fichero anterior.*

- ...
- while(!feof($ctrl)){
- $linia= fgets($ctrl, 4096);
- list($a,$b,$c) = split(' ¬ ',$linia); // Fragmenta la línea en campos, de acuerdo con el separador establecido
- echo "<p>" . $a . " - " . $b . " - " . $c . "</p>"; // Presentación de comprobación ANTES de cargar en la tabla
- mysql_query("INSERT INTO varios(A, B, C) VALUES ('$a', '$b', '$c')") oro
- die("Problemas en el insert" . mysql_error()); // Pasa los valores a la tabla
- }
- ...

- ...
- $datos = mysql_query("SELECT * FROM varios ORDER BY A") oro
- die("Problemas de lectura"); // Lectura y ordenación de los datos de la tabla
- while($fila = mysql_fetch_array($datos)){ // Capta los datos
- echo "<tr>";

- echo "<td class='e'>" . $fila['A'] . "</td>"; // Presenta los datos procedentes de la tabla
- echo "<td class='e'>" . $fila['B'] . "</td>";
- echo "<td class='e'>" . $fila['C'] . "</td>";
- echo "</tr>";
- }
- ...

Aseguraos del contenido y del formato del fichero
Si el resultado no es el esperado, aseguraos que el archivo dado de alta es correcto.

Nota: Atendida la finalidad didáctica de este ejemplo, las cargas sucesivas no se acumulan.

Los programas como **phpMyAdmin** y análogos contienen utilidades que facilitan este tipo de operaciones, y dan resuelta la cuestión d las comillas y el apóstrofo. Se acostumbra a usar alguna variante del formato **.csv** o similares; las hojas de cálculo acostumbran a tener utilidades que automáticamente convierten el contenido a este formato.

Modificaciones y bajas

Identificación del registro

Para modificar o dar de baja un registro, hay que localizarlo con la cláusula **WHERE**. Hace falta ser muy cuidadoso a fin de que la identificación sea precisa: puede darse el caso de varios documentos que tengan un mismo valor en un campo, y corremos el riesgo de hacer un cambio donde no toca, o de eliminar un documento que hay que mantener.

La mejor manera de identificar inequívocamente un registro consiste a hacer uso de un campo autonumérico, puesto que el valor no se puede repetir.

Normalmente se procede en dos fases; en la primera, a partir de una búsqueda, se localiza el conjunto dentro del cual haya el registro o registros que hay que modificar o suprimir, y se presenta este conjunto, explicitando el código autonumérico. En la segunda fase actuamos exclusivamente sobre el registro adecuado, invocándolo intermediando el código autonumérico.

Naturalmente se pueden arbitrar programas más complejos que permitan hacer varias modificaciones a la vez, en un mismo campo o en varios campos, con un único valor o con varios valores, pero el núcleo central de la operación es siempre el que se ha descrito.

Modificar los valores de un registro

La instrucción de actualización es

- $modif = mysql_query("**UPDATE** *nombre_de_tabla* **SIETE** *nombre_de_campo = valor_nuevo* **WHERE** *nombre_de_campo = valor_identificativo*")

Se pueden acumular varios cambios simultáneos en un mismo registro:

- SIETE *nombre_de_campo = valor_nuevo, nombre_de_campo = valor_nuevo* WHERE ...

- *Tabla MySQL denominada* **estados**, *con los campos Id, A y B, y un cierto número de registros.*

- ...
- $datos = mysql_query("SELECT * FROM estados")
oro
- die("Problemas de lectura");
- while($fila = mysql_fetch_array($datos)){
- echo "<tr>";
- echo "<td class='e'>" . $fila['Id'] . "</td>"; // Lectura y presentación de todo el contenido
- echo "<td class='e'>" . $fila['A'] . "</td>";
- echo "<td class='e'>" . $fila['B'] . "</td>";
- echo "</tr>";
- }
- mysql_close($cono);
- ...
- *A continuación el documento contiene un formulario, mediante el cual se indica qué registre se quiere modificar.*

- ...
-
- $datos = mysql_query("SELECT * FROM estados WHERE Id = $Y") oro
- die("Problemas de lectura"); // Elige del registro deseado
-
- $fila = mysql_fetch_array($datos);

- $A = trim($fila['A']); // Lectura de los campos del registro (sin while, sólo hay un)
- $B = trim($fila['B']);
- mysql_close($cono);
-
- ...
-
- `<h3>Modificáis los datos que haga falta</h3>`
- `<p> </p>`
- `< form action="26c.php" method="puesto">`
- `<table>`
- `<tr><td><input type="texto" name="id"` style="width: 50px" value="`<?php echo $I; // Inclusión de los datos actuales como **value** de un campo de formulario ?>`" readonly="readonly" /></td></tr>
- `<tr><td><input type="texto" name="A_nuevo"` style="width: 250px" value="`<?php echo $A; // Idem ?>`" /></td></tr>
- `<tr><td><input type="texto" name="B_nuevo"` style="width: 250px" value="`<?php echo $B; // Idem ?>`" /></td></tr>
- `<tr><td><input type="submit" value="De acuerdo"` /></td></tr>
- `</table>`
- `</form>`
-
- ...

- `<?php`
-
- $Y = $_TABLE['id'];
- $A = $_TABLE['A_nuevo'];
- $B = $_POST['B_nuevo'];
-
- ...
-

- $modif = mysql_query("UPDATE estados SIETE A = '$A', B = '$B' WHERE Id = '$Y'") oro
- die("Problemas en el cambio");
-
- $datos = mysql_query("SELECT * FROM estados") oro
- die("Problemas de lectura");
-
- *Presentación de la tabla modificada*
-
- mysql_close($cono);
-
- ?>

Nota: En una situación real, la lectura inicial no se haría probablemente sobre el total de la tabla, sino sobre un fragmento previamente seleccionado, y la lectura final se reduciría quizás sólo al registro modificado.

Borrar registros

Antes de borrar un registro, se identifica de una manera análoga a la indicada para las modificaciones.

Los registros se borran así:

- $del = mysql_query("**DELETE FROM** *nombre_de_tabla* **WHERE** *nombre_de_campo = valor*")

Para borrar todos los registros de una tabla, se prescinde de la especificación **WHERE**.

Bases de datos relacionales

Consultas sobre una base de datos relacionales

Muy a menudo el uso de una sola tabla es insuficiente para contener adecuadamente todos los datos necesarios. En estos casos hay que recurrir a varias Tablas, organizadas muchas veces según los criterios de las Bases de Datos Relacionales. En particular, hay que atender a los conceptos de clave primaria y de clave secundaria, y asegurar que a toda clave secundaria en una tabla corresponda una clave primaria en otra

Veamos por ejemplo la estructura de la base de datos que usaremos en los ejemplos siguientes:

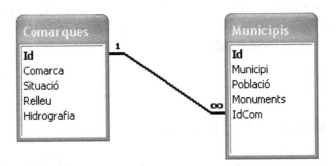

Para cada Municipio hay una clave secundaria, **IdCom**, que tiene que coincidir con el valor de la clave primaria **Id** correspondiente a su Comarca en la tabla Comarcas. *Qué pasaría si a la tabla de comarcas no hubiera la correspondiente a un municipio incluido en la tabla de municipios?*

Las formas de consultar una base de datos relacional son muy diversas, pero hay que distinguir dos supuestos básicos diferentes:

- Las consultas sobre las diversas Tablas son secuenciales: con el resultado de una consulta en una tabla hacemos una consulta en otra. Basta con los recursos ya conocidos.
- La consulta lee conjuntamente dos Tablas. En este caso hace falta añadir un nuevo recurso, **INNER JOIN ... DÓNDE ...** .

Consultas secuenciales relacionadas

Consultas **secuenciales** significa que en cada momento presentamos datos de una única tabla; **relacionadas** significa que en la tabla primaria leemos el valor de la clave primaria de un registro y lo usamos como valor deseado para la clave secundaria en la tabla secundaria, o a la inversa.

En el ejemplo presentado antes hay estas dos posibilidades básicas:

- En la tabla primaria (**comarcas**) leemos el valor del campo **Id** de una comarca; y en la secundaria (**municipios**) buscamos todos los registros en qué **IdCom** tenga este valor.
- En la tabla secundaria (**municipios**) leemos el valor del campo **IdCom** de un municipio; y en la primaria (**comarcas**) buscamos los registros en qué **Id** tenga este valor.

Naturalmente, al pasar por cada tabla recogemos también los valores de todos los campos necesarios para nuestro propósito.

- *Dos Tablas MySQL llamadas* **comarcas** *y municipios (veáis el esquema anterior).*

- ...
- $datos = mysql_query("SELECT * FROM comarcas ORDER BY Comarca") oro
- die("Problemas de lectura"); // Obtención de la lista de todas las comarcas
- while($fila = mysql_fetch_array($datos)){
- echo "<a href=27c.php?cómo=" . $fila['Id'] . ">" . $fila['Comarca'] . "</a br></>"; // Presentación de la lista en forma de enlaces
- }
- ...

- ...
-
- $c = $_GET['cómo']; // Recibimos la variable remisión con el enlace
-
- $datos = mysql_query("SELECT * FROM comarcas WHERE Id = $c") oro
- die("Problemas de lectura"); // Búsqueda a la tabla 'comarcas'
- $fila = mysql_fetch_array($datos); // Sin 'while', porque sólo hay ud
-
- echo "<blockquote> " . $fila['Comarca'] . " </blockquote>"; // Presentación de los datos
- echo "<p>Situación: " . $fila['Situación'] . "</p>";
- echo "<p>Rellene: " . $fila['Rellene'] . "</p>";
- echo "<p>Hidrografía: " . $fila['Hidrografía'] . "</p>";
-
- ...
-

- $datos_m = mysql_query("SELECT * FROM municipios WHERE IdCom = $c ORDER BY Municipio") oro
- die("Problemas de lectura"); // Búsqueda concordante a la tabla 'municipios'
- while($fila = mysql_fetch_array($datos_m)){ // Lista de todos los municipios de la comarca
- echo "<a href=27d.php?mun=" . $fila['Id'] . ">" . $fila['Municipio'] . "</a br></>"; // Presentación en forma de enlaces
- }
- ...

- ...
-
- $c = $_GET['mun']; // Recibimos el código del municipio deseado
-
- ...
- $datos = mysql_query("SELECT * FROM municipios WHERE Id = $c") oro
- die("Problemas de lectura"); // Hagamos la búsqueda en la tabla 'municipios'
- $fila = mysql_fetch_array($datos); // Sin 'while' porque sólo hay ud
-
- echo "<blockquote> " . $fila['Municipio'] . " </blockquote>"; // Presentación de los datos del municipio
- echo "<p>Habitantes: " . $fila['Habitantes'] . "</p>";
- echo "<p>Monumentos: " . $fila['Monumentos'] . "</p>";
- ...

Consultas conjuntas

El procedimiento usado en una consulta conjunta es muy diferente. Empezamos estableciendo todas las parejas posibles entre los registros de una tabla y los de la otra. Este apareamiento es conocido técnicamente como **producto cartesiano**, y se consigue con la cláusula **INNER JOIN**:

- *tabla_1* INNER JOIN *tabla_2*

El producto cartesiano por si suele puede tener sentido o no tener. Suponemos una tabla con los nombres de los chicos presentes en una sala de baile, y otra con los nombres de todas las chicas presentes en la misma sala. El producto cartesiano nos indica todas las parejas de baile *posibles*. Pero probablemente algunos de los apareamientos posibles no se han llegado a producir; hace falta una tercera tabla que relacione chicos, chicas y número de bailes.

Si dos Tablas tienen una relación **1:n**, como es el caso de las Tablas de comarcas y de municipios, el producto cartesiano no tiene ningún sentido; es sólo una primera fase de un conjunto que hace falta acotar mediante la coincidencia entre la clave primaria de la tabla **1** (comarcas) y la secundaria de la tabla n (municipios).

Para formalizar las coincidencias se usa la cláusula **DÓNDE**:

- DÓNDE
  clave_primaria_tabla_1=clave_secundaria_tabla_2

que se tiene que interpretar así: de los apareamientos posibles, muéstrame sólo los que cumplan tal condición.

En definitiva tenemos:

- SELECT *campos* FROM *tabla_1* INNER JOIN *tabla_2*
DÓNDE
clave_primaria_tabla_1=clave_secundaria_tabla_2

A menudo sucede que los campos de dos Tablas diferentes tienen el mismo nombre; en estos casos hay que deshacer la ambigüedad designándolos con el nombre de la tabla y el nombre del campo unidos por un punto:

- *nombre_de_la_tabla.nombre_de el_campo*

- *Dos Tablas MySQL llamadas* **comarcas** *y municipios (veáis el esquema anterior).*

- $datos = mysql_query("SELECT Municipio, Habitantes, Monumentos, Comarca FROM municipios INNER JOIN comarcas DONDE comarcas.Id = municipios.IdCom") oro
- die("Problemas de lectura"); // Apareamientos y elige
-
- while($fila = mysql_fetch_array($datos)){
- echo "<tr>";
- echo "<td class='e'>" . $fila['Municipio'] . " (" . $fila['Comarca'] . ")</td>"; // Presentación en el formato deseado
- echo "<td class='e' style='texto-align: right'>" . $fila['Habitantes'] . "</td>";
- echo "<td class='e'>" . $fila['Monumentos'] . "</td>";
- echo "</tr>";
- }

La cláusula **DONDE** puede ser completada con una segunda condición; por ejemplo restringir la consulta a los municipios de más de 25.000 habitantes. En este caso se incluye la segunda condición a continuación de la primera, unida a esta mediante un **AND**. A efectos prácticos, **DONDE** se comporta como **WHERE**.

Altas en una tabla con valores procedentes de otra

Qué pasaría si diéramos de alta un **Municipio** en la tabla **de Municipios** y le asignáramos un código de comarca inexistente? Es muy importante evitar errores como esta, y la mejor solución es obligar a asignar las claves secundarias mediante desplegables que obtienen los datos de la tabla principal, y así restringen la elección.

En el ejemplo reiterado,

- Leemos en la tabla **Comarcas** el nombre de estas y el identificador **IdCom** que cada una tiene asociado.
- Con estos datos construimos un desplegable contenido en un formulario **(X)HTML**.
- En el mismo formulario establecemos los espacios para recoger a la vez el valor del campo **Municipio** correspondiente al que damos de alta, y también los otros datos correspondientes a este.
- Finalmente, pasamos los datos a un documento **PHP** encargado de hacer el alta en la tabla **Municipios**. Este último documento es exactamente igual al que haríamos servir si los datos procedieran de un formulario con elección libre en todos los campos.

En definitiva, lo único nuevo ahora es la creación del desplegable dentro del formulario:

- ...

- echo "<option value='" . $identificador . "'>" . $comarca . "</option>";
- ...

- *Una tabla MySQL llamada* **comarcas** *(veáis el esquema anterior).*

- ...
- while($fila = mysql_fetch_array($datos)){
- $id = $hila['Id']; // Para más claridad, creamos la variable **$id**
- $como = $fila['Comarca']; // Para más claridad, creamos la variable **$cómo**
- echo "<option value='" . $id . "'>" . $cómo . "</option>"; Insertamos **$id** y $como en un desplegable **(X)HTML**
- }
- ...

Nota: Este ejemplo se acaba con la presentación del formulario; en una situación real, el botón de activación nos traería a un documento de altas similar a los que ya hemos visto; en este caso, pero, nos devuelve a este documento que ahora leéis, y los datos, obviamente, se pierden.

Content Management Systems

Concepto

Con el término **Contento Management system** o CMS (Sistema de Administración de Contenidos) se conoce cualquier conjunto de recursos que permita crear, publicar, modificar y suprimir contenido de una web desde una o más páginas alcanzables desde un ordenador conectado a Internet, sin necesidad de conocimientos especiales de informática y sin necesidad de transferir vía FTP los documentos originales hasta el lugar de distribución. El procedimiento es ideal para tareas de tipo colaborativo, desde un foro o un blog hasta un diario digital, un catálogo de productos o un sistema de gestión de trámites administrativos.

La acción sobre el contenido puede ir desde los casos más simples, en qué todo se hace mediante formularios (es el caso visto en los temas anteriores) hasta el uso de sofisticados editores de texto. Y muy a menudo se combinan los dos procedimientos.

CMS administrado mediante formularios

Las Tablas de una base de datos **MySQL** pueden contener varios tipos de información: textos, referencias a imágenes, organización jerárquica de la información, forma de distribución de la información en el documento resultante, estilo de la presentación, etc.

En los ejemplos vistos en los capítulos anteriores sólo había textos y la forma de presentación era muy elemental: o una tabla o una lista.

Ahora toca dar un paso más y conseguir, con la máxima economía de medios, los objetivos siguientes:

- Que haya imágenes asociadas a cada contenido, no necesariamente de la misma medida, o que no haya.

- Que cuando en una unidad de contenido falte un elemento no aparezca un espacio en blanco, sino que el contenido disponible se adapte a las circunstancias.
- Que haya una estructura jerárquica en varios niveles, a partir de la cual se creen menús automáticamente.
- Que haya varias plantillas que fijen la distribución espacial de cada contenido (sin columnas, dos columnas, etc.)
- Que haya varios estilos (color de fondo, medida de letra, etc.)

Tabla **de MySQL**, con los campos siguientes:

- Id (Identificador autonumérico)
- TG (título general)
- TP1, TP2 y TP3 (títulos de párrafos)
- P1, P2 y P3 (párrafos)
- IM (dirección de una imagen
- IdRef (identificador numérico del documento de que dependa el actual)
- PE (identificador de plantilla y estilo)

Documento que hace la lectura de la tabla MySQL

```
- <?php
- include("head.php");
- ?>
-
- <body>
- <div class="mg">
-
- <?php
-
- $código=$_GET['ficha'];
- if ($código<1) {$código="1";}
-
```

- $cono=mysql_connect("localhost","xxxxxxxxxx","xxxxxxx") oro
- die("Ha fallado la conexión");
- mysql_select_db("albert_curso",$cono) oro
- die("Ha fallado la elige de la base de datos");
- $datos = mysql_query("SELECT * FROM ríes WHERE Id='$código'") oro // Lectura del registro deseado
- die("Problemas de lectura");
-
- while($fila = mysql_fetch_array($datos)){
- $template = $hila['PE']; // Elige de la plantilla
- }
-
- if($template=="a") {include("28a/plantilla_a.php");} // Cada una de las plantillas
- if($template=="b") {include("28a/plantilla_b.php");}
- if($template=="c") {include("28a/plantilla_c.php");}
-
- mysql_close($cono);
-
- ?>
-
- </div>
- </body>
- </html>

Tres plantillas, de las cuales una es

- <?php
-
- $datos = mysql_query("SELECT * FROM ríos WHERE Id LIKE '$código'") oro
- die("Problemas de lectura");
- while($fila = mysql_fetch_array($datos)){

- echo "<h2>" . $fila['TG'] . "</h2>"; // Presentación de cada campo en el lugar querido y con el formato querido
- echo "<h3>" . $fila['TP1'] . "</h3>";
- echo "<p>" . $fila['P1'] . "</p>";
- echo "<h3>" . $fila['TP2'] . "</h3>";
- echo "<p>" . $fila['P2'] . "</p>";
- echo "<h3>" . $fila['TP3'] . "</h3>";
- echo "<p>" . $fila['P3'] . "</p>";
- echo "if ($fila['IM'] > '0') { // Evitar la aparición del símbolo de imagen no encontrada
- echo "<img src='28a/" . $fila['IM'] . "' alto='imagen' />";
- }
-
- $ref = $hila['Id'];
- $regreso = $hila['IdRef'];
- }
-
- $links = mysql_query("SELECT * FROM ríos WHERE IdRef LIKE '$ref'") oro
- die("Problemas de lectura");
-
- echo "<p>";
- while($fila2 = mysql_fetch_array($links)){
- $elige=$fila2['Id'];
- echo "<a href='28a.php?ficha=" . $elige . "'>" . $hila2['TG'] . "</a /br><>"; // Regreso al documento *paro*
- }
- echo "</p>";
- echo "<p> </p>";
- echo "<p><a href='28a.php?ficha=" . $regreso . "'>Volver</a /p><>";
- echo "<p><a href='28.php'>Salir</a /p><>";
-
- ?>

Y dos más de análogas, con los cambios de distribución espacial y de estilo.

Uso de editores wysiwyg

Con el procedimiento anterior hemos establecido la disposición general de los elementos y estilos para la presentación de cada uno Pero no hemos establecido indicaciones de estilo para fragmentos de elementos; por ejemplo, destacar un moratón una frase dentro de un párrafo.

Hay muchos editores wysiwyg, algunos de uso libre. El que usamos aquí es el TinyMCE, basado en un complejo programa de Javascript.

Tiene un repertorio muy completo de iconos y de desplegables, y permite que el usuario lo adapte a sus necesidades.

Puede vincularse a una hoja de estilo; en buena lógica el mismo que el conjunto de la web.

Las celdas de las Tablas **de MySQL** pueden contener indicaciones de estilo, por ejemplo *...*, que serían interpretadas correctamente por el **PHP**. Pero este recurso presenta el inconveniente que quién llene los campos de la tabla tiene que conocer **HTML** y CSS .

Una solución alternativa es el uso de un editor **wysiwyg**. Este acrónimo significa *What you see is what you get*, es decir, aquello que voces es aquello que (finalmente) obtienes. El uso de este tipo de editores se ha generalizado y en los foros y en los blogs entra en competencia con el procedimiento de los formularios.

Empezaremos usando un editor **wysiwyg** para enviar texto con formato y estilo a otro documento, sin intervención del **MySQL**.

Documento que contiene el editor **TinyMCE** (adaptado a las necesidades de estos ejemplos), vinculado a la hoja de estilo general de la web, y con las indicaciones adecuadas a FORM :

- ...
- `<form method="puesto" action="http://www.mipaginaweb.com/php_mysql/28c.php" style="width: 60%; margin-top: 25px; margin-left: 20%">` // Indicación del documento de destino y de las medidas y la posición de FORM
- `<div>`
- `<!-- Gets replaced with TinyMCE, remember HTML in a textarea should be encoded -->`
- `<div>`
- `<textarea id="elm1" name="elm1" rows="15" coles="60">`
-
- `</textarea>`
- `</div>`
-
- `<br />`
- `<input type="submit" name="save" value="Submit" />`
- `<input type="reset" name="reset" value="Reset" />`
- `</div>`
- `</form>`
- ...

Documento al cual van a parar los datos

- ...
- `<?php`
- `$c=$_POST['elm1'];` // Incorpora el código **HTML** recibido
- `$c=stripcslashes($c);` // Suprime los signos '/' sobrantes
- `echo $c;`

- ?>
- ...

----

1. Escribe un texto con el editor, haciendo uso discrecional de los iconos de estilo.
2. Haz clic a Submit.

Editor y base de datos

Al ejemplo anterior los datos enviados por el editor iban a parar directamente a un documento **PHP** que las interpretaba y las presentaba en pantalla, pero un golpe cerrado el documento desaparecía por siempre jamás. Una manera de hacerlas permanentes consiste a guardar-las en una tabla de una base de datos.

El procedimiento para hacerlo no tiene nada de sustancialmente nuevo, sino que reúne recursos ya vistos:

- Uso del editor **wysiwyg**, de la manera que acabamos de ver.
- Guardar los datos en una base de datos, bien como alta (veáis tema 25) bien como modificación (veáis tema 26).
- Recuperación de los datos eligiendo el registro de la base de datos adecuado y haciendo la lectura (veáis tema 23).

Tabla **contenidos** de una Base de datos MySQL, con dos campos, **Id** (Identificador autonumérico) y contenido (contenido del registro con etiquetas HTML incluidas).

Nota: Atendida la naturaleza de este curso, la tabla tiene sólo dos registros, uno para este ejemplo y otro para el siguiente. Por este motivo la inscripción y la lectura posterior se hacen sobre **id='1'** *y no a partir de una variable, como sería el caso en una situación real.*

Documento que contiene el editor **TinyMCE**, igual que en el caso anterior, con la diferencia que ahora remite los datos al documento **28e.php**

Documento que recoge los datos y las inscribe a la base de datos:

- ...
- $modif = mysql_query("UPDATE contenidos SIETE contenido = '$nuevo' WHERE Id = '1'") oro
- die("Problemas en el cambio" . mysql_error());
- ...

Documento que hace la lectura en base a datos y presenta el resultado:

- ...
- $datos = mysql_query("SELECT * FROM contenidos WHERE id='1'") oro
- die("Problemas de lectura");
- while($fila = mysql_fetch_array($datos)){
- echo $hila['contenido'];
- }
- ...

Regreso al editor

Un golpe se ha creado o actualizado un documento, se pueden dar dos supuestos:

- que no esté previsto modificarlo más.
- que sí que esté previsto.

A menudo se prevén las dos cosas: algunos usuarios autorizados, dotados de un nombre de usuario y de una contraseña, pueden acceder al editor y modificar el documento tantas veces como quieran; el público en general, en cambio, sólo lo puede leer. Suponemos el caso de un blog: el autor, en general, puede modificar su propia entrada, pero los lectores del blog no.

Esto implica presentar el contenido de dos maneras diferentes: para el público en general, como un documento **HTML** sin formulario ni editor (es el que acabamos de hacer al apartado anterior). Para las personas autorizadas, el contenido se presenta mediante un formulario (al tema 26 hemos visto algún ejemplo) o mediante un editor, que es el que exponemos a continuación.

Tabla **contenidos** de una Base de datos MySQL, con dos campos, **Id** (Identificador autonumérico) y contenido (contenido del registro con etiquetas HTML incluidas).

Nota: Atendida la naturaleza de este curso, la tabla tiene sólo dos registros, uno para el ejemplo anterior y otro para este. Por este motivo la inscripción y la lectura posterior se hacen sobre **id='2'** *y no a partir de una variable, como sería el caso en una situación real.*

Documento que contiene el editor **TinyMCE**, en el cual la presentación del contenido se hace dentro del editor, entre **<textarea>** y textarea <>:

- ...
- <textarea...>
- ...
- $datos = mysql_query("SELECT * FROM contenidos WHERE id='2'") oro
- die("Problemas de lectura");
- while($fila = mysql_fetch_array($datos)){
- echo $hila['contenido'];
- }
- ...
- </textarea...>
- ...

Documento que recoge los datos y las inscribe a la base de datos (cómo en el caso anterior, pero ahora dice **Id ='2'**.

CMS Open-Source

Se ha popularizado mucho el uso de paquetes **CMS** de uso libre, puestos a punto y renovados por asociaciones sin finalidad de lucro, como por ejemplo el **WordPress**, el **Joomla** y el **Drupal**.

Estos paquetes tienen una serie de puntos en común:

- Se tiende a separar los contenidos (que quedan almacenados en una base de datos) y los formatos; estos suelen distribuirse entre una plantilla (que se ocupa de la distribución espacial de los contenidos) y documentos **CSS**, que atienen a modelos y colores de letra, alineaciones, etc.

- El contenido se puede presentar de varias maneras, sin tener que multiplicar las entradas, sea en forma de páginas *estáticas* sea en forma *de blog*.
- Los contenidos tienen una especificación temporal, que hace posible que se vean siempre, o sólo a partir de una fecha, o sólo hasta una fecha.
- La interacción se organiza en dos niveles básicos: los llamados **frente-end** (público en general) y back-end (administradores y redactores); cada una de estas categorías admites varias subcategorías (usuarios registrados, etc.) Hay una base de datos que almacena los datos de cada cual y las correspondientes contraseñas, y cada contenido y cada herramienta trae explícito el nivel necesario para acceder.
- La recuperación de un contenido determinado es facilitada por una herramienta de búsqueda por palabras que actúa en base a datos; los contenidos, además, se pueden clasificar con varios tipos de descriptores, y la elaboración de menús es semiautomática.
- Hay una serie de herramientas auxiliares integradas o de incorporación optativa que facilitan la presentación de direcciones externas, la remisión de correos electrónicos y newsletters masivos a los usuarios registrados, los contactos bilaterales entre los usuarios autorizados, la recepción, cálculo y publicación de encuestas de opinión, el control del número de visitas recibidas, etc.

En Internet hay numerosos manuales elementales y de profundización; para un nivel introductorio son muy recomendables los contenidos a Siteground ; en particular,

- Drupal
- Joomla
- Wordpress

Light-CMS. Boceto

Introducción

Los programas **CMS** usuales tienen una gran cantidad de temas o plantillas diferentes, y pueden ser ampliados con una multitud de programas anejos. Esto es una ventaja, pero también un estorbo: puede suceder que tengamos que perder horas y horas buscando el modelo perfecto que resolverá nuestras necesidades para encontrarnos al fin y al cabo que el mismo autor nos sugiere determinados cambios vía **CSS** e incluso vía **PHP**. Si tenemos que acabar *ensuciándonos las manos*, podemos plantearnos de hacerlo de buen comienzo y construirlos con una herramienta a medida.

En este capítulo guardamos un **CMS** propio, al cual damos el nombre de Light-CMS , en alusión a la simplicidad: se usan exclusivamente una parte de los recursos explicados en este curso y en el curso de **HTML**.

Lo ilustramos con el desarrollo de una pequeña web llamada **Amigos de los Vegetales**, pero con cambios mínimos se puede usar para cualquiera otro propósito.

Algunas definiciones

En el ámbito del **Light-CMS** usaremos los términos y los conceptos siguientes:

- **Plantilla**: Una plantilla es una página web sin contenido, pero con las indicaciones necesarias para obtener. Cada plantilla tiene tres especificaciones claramente diferenciadas:

1. Qué tipo de datos presenta y de donde las obtiene.
2. Cómo las distribuye en la superficie de la página, y
3. Qué aspecto da a los datos.

El webmaster puede crear tantas plantillas como quiera, según necesidades.

- **Componentes**: Herramientas escritas en **PHP + MySQL**, situadas en el interior de la plantilla. Sirven para obtener los datos de una base de datos, ordenarlas y presentarlas en el espacio asignado de una página. De una manera sistemática, cada componente es incluido en un elemento **DIV**.
- **Base de datos**: Conjunto de datos de texto (codificado con HTML o no), referencias a objetos (imágenes, audio...) y enlaces exteriores. La base de datos se compone de Tablas.
- **URLs**: Direcciones que aseguran la circulación entre las páginas o los elementos de un blog. Son formadas de cuatro elementos: *dominio.plantilla.php?variable=valor*. Se interpreta así: da el valor tal a la variable tal y presenta el contenido resultante en el marco de la plantilla tal.

Hay que prever, además, plantillas de gestión de contenido y de control, reservadas al administrador y a los usuarios registrados de suficiente nivel.

Tablas MySQL

Hay una base de datos **MySQL** con sólo tres Tablas, donde se contienen todos los textos y las referencias a imágenes y otros objetos:

- Artículos
- Objetos

- Usuarios

La gestión de esta base de datos siempre puede ser indirecta: un golpe creada por el webmaster, tan el administrador como los colaboradores autorizados operan a través de formularios.

Tabla *Artículos*

Camp	Tipo	Obligatoriedad	Contenido
Id	bigint	Sí	Índice autonumérico
Nombre	texto	Sí	Nombre del texto, escogido en el momento de crear el registro e introducido mediante un formulario.
Texto	longtext	No	Texto introducido con el editor, que incorpora pues etiquetas HTML.
Nota	texto	No	Texto introducido mediante un formulario
Autor	texto	No	Nombre de usuario de quien haga un cambio, asignado automáticamente en los casos en que se considere

			oportuno.
Fecha	texto	Sí	Fecha, en el formato yymmdd, introducido automáticamente mediante código PHP.
Estructura	tinytext	Sí	Código alfabético que da cuenta de la posición del elemento en la estructura: 'a' para la página de inicio, un dos o tres carácter formados por las letras comprendidas entre la 'b' y la 'y' y un solo carácter, 'z', para los puestos del blog.
Descriptor	texto	No	Descriptor (=etiqueta); puede no contener ninguno, contener uno o contener más de uno

La existencia de campos como **Nota** y Descriptor , de denominaciones bastante abstractas, permite un uso flexible, adaptable a cada proyecto concreto. En el caso del ejemplo que se presenta más adelante, usamos **Nota** para presentar el nombre científico de los géneros y de las especies, y Descriptor para incluir referencias en contenidos marginales no sistemáticos (por ejemplo, la referencia al poema de Juan Maragall sobre la Fagueda de en Jordà).

Observaciones sobre el uso del editor *wysiwyg*

El campo **Texto** puede contener una codificación más o menos compleja: con imágenes asignadas directamente, con espacios y separadores, con Tablas, con indicaciones de estilo. Todo depende de los parámetros asignados al editor **wysiwyg**. Evaluáis en qué manso ponéis las herramientas activas, y consideráis este regla de oro: *Cuanto más numeroso y menos preparado y cohesionado sea el grupo, menos atribuciones tiene que tener.* En los casos extremos - por ejemplo un foro - es casi obligado prescindir totalmente del editor y obligar a interactuar sólo con formularios.

Tabla *Objetos*

Camp	Tipo	Obligatoriedad	Contenido
Id	bigint	Sí	Índice autonumérico
Tipo	texto	Sí	Los valores posibles son: img (imagen), link (enlace exterior), av-int (enlace a un

			audio/video interior), av-ext (ídem exterior) e iframe (dirección de documento inserto).
Nombre	texto	Sí	Nombre del objeto.
Datos	texto	Sí	Dirección interior o exterior del objeto.
IdArt	tinytext	Sí	Vínculo por defecto con un artículo, expresado en términos de Estructura.

Las imágenes y los otros objetos interiores son contenidos en sendas carpetas.

Tabla *Usuarios*

Una tabla de usuarios recogería los datos correspondientes a estos; una estructura básica podría ser la siguiente:

- Id (autonumérico)
- Nombre
- Apellido
- Dirección electrónica
- Código de usuario
- Password

- Nivel (Permisos para acceder a determinadas herramientas

Componentes

A continuación presentamos el detalle de los componentes desarrollados en este esbozo. Pueden aprovecharse directamente; tened presentes pero las observaciones siguientes:

- Observáis, en el componente **logo**, las cuatro primeras líneas debajo <**?php** y la última antes **de ?>**: sirven para indicar el lugar donde se tienen que buscar los datos. En los otros componentes no lo hemos indicado, pero si hacen uso de una tabla de la BD, también se tienen que añadir.
- En lugar de **xxxxxxx** hay que usar el nombre de usuario y la contraseña correspondientes.
- Y en lugar **de light-cms** hay que usar el nombre de la base de datos correspondiente.
- Si los nombres de los campos de las Tablas son diferentes de los presentados aquí, hay que hacer los cambios correspondientes.

árbol

Contrapartida de buscamapa, presenta el mapa de todos los documentos de la web en forma de esquema dentado. No se incluyen, pero, los del blog.

```php
$dades = mysql_query("SELECT * FROM articles WHERE Estructura != 'z' ORDER BY Estructura") or
    die('Problemes de lectura');

while($fila = mysql_fetch_array($dades)){

    $nom = $fila['Nom'];
    $goto = $fila['Estructura'];
    $long = strlen($fila['Estructura']);
    $dif = $long - $longant;

    if ($dif=='1') { echo '<ul><li><a href="p.php?loc=' . $goto . '">' . $nom . '</a>'; }
    if ($dif=='0') { echo '</li><li><a href="p.php?loc=' . $goto . '">' . $nom . '</a>'; }
    if ($dif=='-1') { echo '</li></ul></li><li><a href="p.php?loc=' . $goto . '">' . $nom . '</a>'; }
    if ($dif=='-2') { echo '</li></ul></li></ul></li><li><a href=p.php?loc=' . $goto . '">' . $nom . '</a>'; }

    $longant=$long;

}

if ($long==1) { echo '</li></ul>'; }
if ($long==2) { echo '</li></ul><li></ul>'; }
if ($long==3) { echo '</li></ul><li></ul></li></ul>'; }
```

artículo

Presenta el contenido central de la página, básicamente formado
por varios campos de texto, combinados de la manera que se
considere más adecuada (y si se considera oportuno - cosa que aquí
no hemos hecho - con imágenes incorporadas mediante el editor
wysiwyg).

```php
$dades = mysql_query("SELECT * FROM articles WHERE Estructura = '$loc' OR Id = '$id'") or
    die('Problemes de lectura');

$fila = mysql_fetch_array($dades);
echo '<h2>' . $fila['Nom'] . '</h2>';
echo '<p class="signt">' . $fila['Autor'] . ': ' . $fila['Data'] . '</p>';
echo $fila['Text'];
echo '<p class="nt">' . $fila['Nota'] . '</p>';
echo '<p> </p>';
```

blog

Presentación abreviada de los puestos del blog.

```
$dades = mysql_query("SELECT * FROM articles WHERE Estructura = '2' ORDER BY Id DESC") or
   de('Problemes de lectura');

echo '<p>';
while($fila = mysql_fetch_array($dades)){
    $Id = $fila['Id'];
    $nom = $fila['Nom'];
    $text = $fila['Text'];
    $text=str_replace("<'," < ',$text);
    $text = strip_tags($text);
    $text = substr($text, 0, 80);
    $data = $fila['Data'];
    echo '<a href="pb.php?id=' . $Id . '">' . $nom .'</a> - (' . $data . ') ". $text . '...<br />';
}
echo '</p>';
```

breadcrumbs

Indica en qué punto de la estructura nos encontramos y, haciendo clic en inicio o en un nombre de página superior, nos permite de migrar-.

```
$dades = mysql_query("SELECT * FROM articles WHERE Estructura = '$loc'") or
    die("Problemes de lectura");

$fila = mysql_fetch_array($dades);
$l = strlen($fila["Estructura"]);
$nivell1 = substr($fila["Estructura"],0,1);

$dades2 = mysql_query("SELECT * FROM articles WHERE Estructura = '$nivell1'") or
    die("Problemes de lectura");
$fila2 = mysql_fetch_array($dades2);
$dest = "<a href=p.php?loc=" . $fila2["Estructura"] . ">" . $fila2["Nom"] . "</a>";

$nivell2 = $nivell1 . substr($fila["Estructura"],1,1);
$dades3 = mysql_query("SELECT * FROM articles WHERE Estructura = '$nivell2'") or
    die("Problemes de lectura");
$fila3 = mysql_fetch_array($dades3);
$dest2 = "<a href=p.php?loc=" . $fila3["Estructura"] . ">" . $fila3["Nom"] . "</a>";

echo "<p>";

echo "<a href=i.php>Inici</a>";

if ($l>1){
    echo " | " . $dest;
}
if ($l>2){
    echo " &gt; " . $dest2;
}
echo "</p>";
```

buscamapa

Enlaza con la página que presenta el mapa de la web.

```
<a href="mapa.php">Mapa del web</a>
```

found-list

Contrapartida de searcher , que presenta las indicaciones de los elementos encontrados y los enlaces a estos.

```
$dades = mysql_query('SELECT * FROM articles WHERE Nom LIKE %$string%'
                      OR Text LIKE %$string%'
                      OR Descriptors LIKE %$string%' ORDER BY Nom') or
        die('Problemes de lectura');

echo '<p>';
while($fila = mysql_fetch_array($dades)){
    $loc = $fila['Estructura'];
    $nom = $fila['Nom'];
    $text = $fila['Text'];
    $text = strip_tags($text);
    $text = substr($text, 0, 80);
    echo '<a href= p.php?loc=' . $loc . '>' . $nom .'</a> - '. $text . '<br />';
}
echo '</p>';
```

iframe

Presenta un iframe con mapas, etc... procedentes de una web externa.

```
$dades = mysql_query('SELECT * FROM objectes WHERE Tipus='iframe' AND (IdArt='$loc' OR Id = '$id')') or
        die('Problemes de lectura');

while($fila = mysql_fetch_array($dades)){

    echo $fila['Dades'];

}
```

imágenes

Presenta la imagen o el conjunto de imágenes vinculadas a un determinado artículo.

```
$dades = mysql_query("SELECT * FROM objectes WHERE Tipus='img' AND (IdArt='$loc' OR Id = '$id')") or
    die("Problemes de lectura");

while($fila = mysql_fetch_array($dades)){

    echo "<img src='objectes/" . $fila['Dades'] . "' alt='" . $fila['Nom'] . "' />";

}
```

links

Presenta la lista de links asociada a un artículo. (Análogas serían las listas de audios y de vídeos).

```
$dades = mysql_query("SELECT * FROM objectes WHERE Tipus='lnk' AND (IdArt='$loc' OR Id = '$id')") or
    die("Problemes de lectura");

while($fila = mysql_fetch_array($dades)){

    echo "<a href=http://" . $fila['Dades'] . "' target='nova'>" . $fila['Nom'] . "</a><br />";

}
```

logo

Presenta una imagen grande (tipo tranvía de Lisboa del WordPress).

```
<?php

    $con=mysql_connect("localhost","xxxxxxx","xxxxxxx") or
        die("Ha falat la connexió");
    mysql_select_db("lght-cms",$con) or
        die("Ha falat la tria de la base de dades");
    $dades = mysql_query("SELECT * FROM objectes WHERE IdArt = '$loc'") or
        die("Problemes de lectura");

    while($fila = mysql_fetch_array($dades)){
        echo "<p><img src='objectes/" . $fila['Dades'] . "' alt='" . $fila['Nom'] . "' /></p>";
    }

    mysql_close($con);

?>
```

menu

Presenta un menú en forma de lista con los dos primeros niveles. Y aplicando las especificaciones CSS adecuadas, podemos hacer que aparezca como un desplegable.

```php
$dades = mysql_query('SELECT * FROM artdes WHERE Estructura != '2' ORDER BY Estructura') or
    die('Problemes de lectura');
while($fila = mysql_fetch_array($dades)){
    $long = strlen($fila['Estructura']);
    if ($long < 3){
        $dif = $long - $longant;
        $nom = $fila['Nom'];
        $goto = $fila['Estructura'];
        if ($dif=='1'){ echo '<ul><li><a href="p.php?loc=' . $goto . '">' . $nom . '</a>'; }
        if ($dif=='0'){ echo '</li><li><a href="p.php?loc=' . $goto . '">' . $nom . '</a>'; }
        if ($dif=='-1'){ echo '</li></ul></li><li><a href="p.php?loc=' . $goto . '">' . $nom . '</a>'; }
        $longant=$long;
    }
}
if ($long=='1'){ echo '</li></ul>'; }
if ($long=='2'){ echo '</li></ul></li></ul>'; }
```

searcher

Casilla de formulario que, un golpe informada, pone en marcha una búsqueda a la base de datos.

```html
<form action='f.php' method='get'>
    <label>Indica un terme: </label> <input type='text' name='s'> <input type='submit' value='Submit'>
</form>
```

- menu3: menú que conduce del nivel 2 al nivel 3
- p.php: herramienta interna que clasifica los artículos en función de su nivel jerárquico.

Plantillas

Cada plantilla contiene uno o más componentes, contenidos en sendos elementos **DIV**, distribuidos por la superficie de la página con el recurso, si hace falta, a float y con la adición, si hace falta, de separadores (**hr**), textos breves, etc. de carácter fijo. Hay una gran flexibilidad combinatoria; sólo hace falta, está claro, que el conjunto tenga sentido.

Los componentes se insertan con el formato siguiente:

> <div class="artículo"><?php include("artículo.php"); ?></div>

En el ejemplos que se presentarán a continuación, se usan las plantillas siguientes:

- Inicio (y.php), que contiene: logo, menu, searcher, artículo, buscamapa y blog
- Página de primer nivel (p1.php), que contiene: menu, breadcrumbs, searcher, artículo, imágenes, iframe y links.
- Página de segundo nivel (p2.php), que contiene: breadcrumbs, artículo, imágenes, iframe, menu3 y links.
- Página de tercer nivel (p3.php), que contiene: breadcrumbs, artículo, imágenes, iframe y links.
- Página de tabla (pb.php), que contiene breadcrumbs, artículo, imágenes, iframe y blog
- Lista de encontrados (fl.php), que contiene breadcrumbs y found-list.

Documentos con estilo

La aplicación de las herramientas anteriores da lugar a los documentos con el contenido y el formato deseados. Dentro de HEAD, aplicado mediante un *include*, hay dos hojas de estilo, uno de general, **estilo.css** y uno de específico para el menú desplegable, **menu.css**.

Muestra con estilo

Documentos sin estilo

Ved, a título de ejemplo, la página inicial desprovista de estilo (y0.php): no se ha incluido **head.php** sino **head0.php**, desproveído de especificaciones de estilo. Tened presente que si hacéis clic en cualquier punto pasaréis inmediatamente a documentos normales, con estilo, y si devolvéis a inicio , también lo encontraréis con estilo.

Muestra sin estilo

Alimentación de la web

- Altas de artículos
- Editor de artículos (modificaciones y bajas)
- Altas de imágenes
- Organizador (modificación de dependencias)

Usuarios

- Registro de usuarios
- Permisos
- Acceso con contraseña

BIBLIOGRAFÍA

Para la realización de este libro se han leído, consultado y confirmado información en las siguientes fuentes de información:

Libros

- Domine PHP y MySQL, de José López Quijado
- Programación en PHP 5.31. desde cero, de Jhon Alexandr Osorio
- Expert PHP and MySQL, de Andrew G. Curioso, Ronald Bradford, Patrick GalbraithArtículos
- PHP and MySQL 24-Hour Trainer, de Andrea Tarr

Páginas web

http://foundationphp.com/

http://mysql.com

http://wikipedia.org

http://www.albertvila.cat

Escrito por: Miguel A. Arias
ISBN: 978-1492326427